本书获得国家民委"西部地区特色农产品营销创新团队"

经管文库·管理类

前沿·学术·经典

老字号成长机理与路径研究

RESEARCH ON THE GROWTH MECHANISM
AND PATH OF TIME HONORED BRAND

杨保军 著

经济管理出版社

ECONOMY & MANAGEMENT PUBLISHING HOUSE

图书在版编目（CIP）数据

老字号成长机理与路径研究 / 杨保军著 . —北京：经济管理出版社，2022.9
ISBN 978-7-5096-8710-9

Ⅰ.①老… Ⅱ.①杨… Ⅲ.①老字号—品牌战略—研究—中国 Ⅳ.① F279.24

中国版本图书馆 CIP 数据核字（2022）第 171161 号

组稿编辑：杨国强
责任编辑：杨国强
责任印制：黄章平
责任校对：蔡晓臻

出版发行：经济管理出版社
　　　　　（北京市海淀区北蜂窝 8 号中雅大厦 A 座 11 层　100038）
网　　址：www.E-mp.com.cn
电　　话：（010）51915602
印　　刷：唐山玺诚印务有限公司
经　　销：新华书店
开　　本：710mm×1000mm/16
印　　张：12
字　　数：201 千字
版　　次：2022 年 11 月第 1 版　2022 年 11 月第 1 次印刷
书　　号：ISBN 978-7-5096-8710-9
定　　价：98.00 元

前　言

　　管理学的研究不仅是针对现实问题提出解决方案，更重要的是构建理论并利用理论解释现实发生的一切，这个过程就是知识生产过程。自弗雷德里克·温斯洛·泰勒（Frederick Winslow Taylor，1911）提出科学管理理论以来，学术界在管理学领域开展了深入的理论探讨，从概念、特征、机理以及管理的情景和现象等方面进行了探究，提出了许多伟大的思想和经典理论。杜宾（Dubin，1969）指出："理论关注的是人类的思想。"人类面对来自自然界和社会生活中的种种情景和现象进行的思考和归纳就演化为理论，以供人们举一反三。随着人们认识的逐步深入，发现理论的作用不止于此，人们需要应用理论来解释、指导实践，这就反映在理论的"有用性"上。安迪·范德万（Andy Van de Ven，1989）认为，好的理论非常实用，能够推动科学知识的发展。对管理学来说，这个观点具有更为重要的意义。人们基于管理实践，挖掘在实践中存在的问题，从关联性、有效性、逻辑性和结构性等方面来构建理论，寻求理论的洽适性，从而形成意义建构和知识生产。实践是人们认识世界和改造世界的基础，管理学者基于实践和对实践活动的观察进行逻辑分析、分类归纳，从而抽象出解释实践和指导实践的理论。100多年来，西方资本主义发展催生了众多的管理理论，并指导着生产实践的发展。但自20世纪90年代以来，一些学者感到管理理论的发展已接近停滞（Buckley，2004），这与宏观环境下西方资本主义经济的衰退密切相关。在东方，改革开放的伟大实践促进了中国经济的快速增长，但面对中国本土实践的管理理论却贡献稀少，一方面，依靠西方管理理论解释中国本土管理实践显得力不从心；另一方面，面向本土的管理实践还没有构建起完善的理论体系，欠缺对中国快速发展的管理情景和现象的解释力，且并不能在管理知识领域提出中国方案和生产中国管理理论知识，从这一点上来说，中国管理学者任重而道远。

汤姆·彼得斯（Tom Peters，1982）研究了美国43家企业的案例，出版了《追求卓越》；吉姆·柯林斯等（Jim Collins，1994）系统地研究了美国18家卓越公司的案例，出版了《基业长青》，反映了20世纪八九十年代美国快速发展的竞技状态和企业面貌，讲述了来自本土的"美国故事"，构建了美国企业管理理论。中国改革开放40多年的成就彰显了中国企业经营和管理模式的成功，独特的管理场景、历史文化、人际关系、社会现象反映出一个个具有中国特色的管理"好故事"。在此背景下，单纯使用西方的管理理论或经验来揭示快速变迁的中国企业管理现象已经远远不够，需要我们深入挖掘来自一线的企业管理活动、管理现象，探索中国特色文化背景下的企业特点、管理事实，揭示管理关系，形成各具特色的案例，为构建中国管理理论提供丰富的资料准备。对于中国企业的成长和独特的成功经验，一方面，需要学界有扎实的实证研究分析管理理论；另一方面，需要扎根本土的案例研究总结中国企业的管理实践从而提炼出中国特色的管理理论。

首先，挖掘中国情境下的企业"好的故事"。情境是管理学研究的重要主题。情境与职业、地理位置、特定的事件、时间等紧密联系，研究者在特定情境下与研究理论结合，可以在更大的整体或框架下理解所从事的研究。经典的管理理论都是建立在政治制度稳定、技术体制完善、市场经济发达的管理情景基础上，但在中国改革开放的大背景下，面对市场经济制度、企业管理体制、机制的不断变迁，企业管理情景具有迥异于西方的"中国特色"。在此情境下，中国企业在特定地点、时间进行的管理探索更具有研究价值。潜心挖掘中国情境下企业发展的好故事，并放在更大的叙事结构和理论框架下去分析，将为中国企业管理理论构建奠定坚实的实践基础。

其次，开展基于"好的故事"的中国案例研究。如何才能反映好的故事？案例研究即是基于管理情景下的"好的故事"的反映方式。通过系统的案例研究分析方法可以展示管理情景、展示过程，反映管理决策内容，从中提炼概念和理论。

最后，基于案例研究提炼解释和指导中国企业实践的"好的理论"。管理学中"好的理论"是反映组织管理过程中一系列管理命题，用以科学解释特定的管理现象。管理学的理论建构是对管理实践和管理理论的反思性研究，以探索管理理论体系及其内在机制。案例研究是在特定的管理情景下对管理现象的描述，具有显著的"本土性"特征，从而为中国管理理论的建构提供了重要的应用场景和实践特征。

管理案例研究从讲好一个好故事开始，而中国企业管理案例为管理理论构建提供了鲜活的实例和精彩的故事。深入挖掘中国企业发展过程中的管理细节，力求描述中国企业在历史发展中的关键决策过程和管理情景，以探寻企业管理的规律和因果关系。根据案例研究构建理论是管理学研究的重要思路，在研究中一方面通过管理过程数据，对"好的故事"采用案例研究的方法，获取研究素材；另一方面通过访谈资料分析、文献资料分析等方法形成研究资料，即从这两个方面开展探索性研究，构建理论框架。基于本土背景的案例研究尽管面临着方法论的挑战和质疑，但面对快速变迁的中国经济，管理学者必须深入企业，从不同的管理现象、不同的情境分析企业管理过程，以更加包容的心态分析企业的管理现象和决策过程，从而为构建中国特色的管理理论做出贡献。

中国商业历史源远流长，遗留了大量老字号企业。它们承载着丰富的文化内涵、管理经验和商业智慧。嵌入城市文明的中华老字号蕴含着中华文化的精粹，商业文化、饮食文化、民俗文化以及建筑文化等都是民族和地域历史文化的外在反映。独特的商业智慧、营销思维和品牌意识使众多老字号品牌至今屹立不倒，如创始于清朝康熙年间的北京同仁堂凭借"修合无人见，存心有天知"的自律意识，恪守严谨的产品质量祖训，不断研发新产品，创新品牌内涵，发展至今在消费者心目中有广泛的品牌知名度。北京月盛斋饭店作为一家餐饮老字号，在200多年的发展历史中，一方面坚持传统特色，另一方面改进产品包装、研发新产品，逐步适应不断变化的顾客口味。老字号品牌发展历史和经验为我们提供了重要的借鉴，其管理经验同样值得研究，如宁夏敬义泰老字号的伙计管理制度、兰州马子禄牛肉面的产品品质管理经验都是众多企业学习的榜样。百年传承的老字号形成了独特的地域文化，并与城市商业文明相伴而生，成为区域的标志性品牌。这种基于本土文化的老字号企业，其在长期发展中基于具体管理活动的管理情景和管理现象为中国管理理论的研究提供了重要样本。自2010年以来，我的研究团队以中华老字号为研究样本，跟踪地处西北甘宁青地区的老字号，分析其发展的历史、路径，研究其品牌成长和演化的过程和经验，分析其在长期发展过程中基于独特文化、地域特点、民族特点的成长机理，以总结老字号的企业成长过程，力求基于老字号企业提出有中国特点的品牌进化理论，并获得国家自然科学基金项目"甘宁青地区老字号品牌进化路径与政策研究"（71162020）和"网络嵌入视角下基于创新能力提升与品牌进化的甘宁青地区老字号企业成长机理与路径研究"（71662001）的赞助，本书是以此为基础形成的研究成果。

网络嵌入是研究企业成长的重要前提。自格兰诺维特（1985）提出"网络嵌入"概念以来，学术界投入了极大的热情，众多学者从经济运行的关系、市场结构、企业间关系网络等多个层面加以研究。在网络嵌入视角下研究同一或相关产业内的企业和利益相关者的关系，可以深入剖析企业在社会网络影响下形成的专业分工网络和创新网络，探索企业成长的机理与路径。技术创新能力对企业成长具有重要影响，研究表明，在网络嵌入背景下，技术创新能力的获得与演进受到知识网络的影响显著（童心等，2015），基于老字号企业的研究可以发现，通过网络嵌入获得的知识和能力，可以推进技术创新能力的提升。品牌从来不是一成不变的，老字号的不断发展，不仅是传承，同样孕育着创新，企业品牌理念、知识以及外在的品牌形象将随着网络嵌入而不断变化。本书基于对老字号的研究来探索网络嵌入与品牌进化的关系。网络嵌入是研究老字号企业成长的起点，由网络嵌入理论开始，企业的技术创新、品牌进化以及两者的相互联系都紧密地结合在一起，共同推进老字号的成长，本书将从实证分析和案例角度探索这一问题。

甘宁青地区地处我国西部，少数民族人口众多，土地贫瘠，经济欠发达，但在漫长的中华历史长河中同样孕育了宝贵的文明财富，区域老字号像一颗颗璀璨的明珠向来自世界各地的人民诉说着过往的历史。从社会网络关系和网络结构挖掘老字号成长的机理，探索老字号成长的路径意义重大。本书是在《甘宁青地区老字号品牌进化研究》和《老字号品牌进化案例研究》基础上的深入研究。我的硕士生李晏、张晶晶、董昭阳、丁彬参与了课题的研究，从文献整理到数据收集与计算，并且参与了部分章节撰写，其中，李晏撰写了第四章，张晶晶撰写了第五章，董昭阳撰写了第六章，丁彬撰写了第七章。黄晓华老师撰写了第二章。

同时，四位同学分别参与了第一章、第二章的文献整理和撰写，最后我对全书统一进行了总纂和校对。由于水平有限，难免存在错讹和不足，在此向读者表示歉意。本书在写作过程参考、引用了大量经典和最新的研究文献，在书中各章和书后的参考文献中都——注明，对被引用文献的学者深表感谢。

在本书写作过程中，感谢国家自然科学基金委员会对本书的支持，本书受到国家民委西部地区特色农产品营销创新团队项目，北方民族大学高层次人才项目的支持，感谢北方民族大学领导和我的研究团队对本书顺利完成的大力支持。在调研过程中，我们采访了甘宁青地区20余家老字号企业经理和中层干部，感谢他们为本书研究提供访谈、调研问卷的支持。中华老字号是中华民族文明的重要载体，加强老字号的研究将会使我们讲好"中国故事"，也将为构建更好的中国理论提供最重要的素材。

杨保军

2021 年 9 月于银川

目　录

第一章　绪论………………………………………………………… 1

第二章　研究理论基础与文献综述………………………………… 20

第三章　协同进化与老字号成长…………………………………… 39

第四章　网络嵌入、吸收能力与老字号企业绩效的影响研究……… 55

第五章　网络嵌入、老字号企业技术创新能力与财务绩效研究…… 73

第六章　网络嵌入、品牌进化与老字号企业成长绩效实证研究…… 91

第七章　网络嵌入、技术创新能力与老字号企业成长绩效——
　　　　基于吸收能力的视角……………………………………… 104

第八章　网络嵌入、双元能力与企业成长绩效研究……………… 121

第九章　网络嵌入视角下老字号企业成长案例研究……………… 139

参考文献…………………………………………………………… 153

附　录　老字号企业成长调查问卷……………………………… 176

第一章 绪 论

工欲善其事，必先利其器。
——孔子

做战略上正确的事情比立即获利更重要。
——菲利普·科特勒

【本章导读】1669年，在北京市崇文门附近，一座四合院的门楣上挂上了"同仁堂"的牌匾。300多年来，同仁堂以"同修仁德，济世养生"为使命，不断强化产品质量、服务质量、经营质量、资产质量，恪守"品味虽贵必不敢减物力，炮制虽繁必不敢省人工"的古训，历经风雨依然屹立不倒，成为享誉世界的中华老字号。众多老字号能够存留至今，既是因为传承着前辈的经营理念、技术诀窍，更重要的是因为老字号在不断发展过程中深深地嵌入周边居民、社区、区域、城市乃至国家的文化中，相互交融、相互学习，实现了技术的传承和创新、品牌的传播与进化，推进了老字号自身的成长与发展。本章的研究先从网络嵌入引入。

第一节 研究背景与意义

自1985年格兰诺维特（Granovetter）提出"嵌入"概念以来，学术界将网络嵌入作为自变量，以分析社会网络对企业成长和绩效的影响，取得了丰硕的成果。在网络嵌入视角下研究同一或相关产业内的企业和利益相关者的关系，可以深入剖析企业在社会网络影响下形成的专业分工网络和创新网络，探索企业成长的机理与路径。党的十八大报告提出了实施创新驱动发展战略，重点强调了加快建设国家创新体系，着力构建以企业为主体、市场为导向、产学研相结合的创新体系；党的十九大指出，创新是引领发展的第一动力，是建设现代化经济体系的战略支撑。其中，甘宁青地区老字号企业依靠独特的产品特色、专有的企业秘方、忠实的老顾客获得了区域市场的青睐，伴随着"一带一路"建设的推进和中国与阿拉伯国家贸易发展，老字号企业面临着来自外部企业的竞争压力和市场外部化的重要机遇。但当前老字号一方面创新能力不足，核心技术逐步退化；另一方面品牌进化动力不足，品牌形象老化。因此，不断积累创新能力，推动品牌进化，促进老字号企业成长是当务之急。

一、研究背景①

学术界对影响老字号企业品牌的因素分析视角各有不同，有从管理角度分析的。

Lehu 基于 53 名高级经理和广告设计人员的深入访谈，认为品牌的发展归因于管理的作用，应从生活视角分析品牌的老化问题②。

著名的战略品牌学者 Keller 认为，应从品牌意识或品牌形象的角度了解品牌，对品牌变迁要以顾客角度分析③。

Yakimova 和 Beverland 通过对品牌重新定位的案例研究，认为企业可以调整市场营销计划以保持品牌的相关性④。品牌更新能力由品牌支持的主导逻辑、市场导向和生成学习风格组成，使公司成员能够不断地反思当前品牌战略的有效性。

国内学者分析老字号发展的影响因素更为广泛，李诚从界定核心能力和传统事业领域市场机会两个关键因素分析老字号品牌的发展，具有重要的参考价值⑤。

---

① 本节部分内容发表于：杨保军. 甘宁青地区老字号历史演进及其启示［J］. 回族研究，2018，28（2）：110-118.

② Lehu J M. Back to life！Why brands grow old and sometimes die and what managers then do：An exploratory qualitative research put into the French context［J］. Journal of Marketing Communications，2004，10（2）：133-152.

③ Keller K L. Managing brands for the long run：Brand reinforcement and revitalization strategies［J］. California management review，1999，41（3）：102-124.

④ Yakimova R，Beverland M. The brand-supportive firm：An exploration of organisational drivers of brand updating［J］. Journal of Brand Management，2005，12（6）：445-460.

⑤ 李诚. 老字号企业生存状态差异化的关键因素分析［J］. 华中科技大学学报（社会科学版），2008（4）：72-76.

华维慧从更高的视角分析了老字号发展的影响因素，认为朝代更替、政策限制、商人价值观的偏离、资本出路狭窄尤为关键[①]。

陶鸿等认为，影响老字号发展主要有城市建设、市场、消费需求与口味变化、法律法规不健全等外部因素，也有企业体制陈旧、产品缺乏创新等内部因素的影响，并提出了促进老字号餐饮企业发展的对策[②]。

从总体上看，国内外学术文献分析为系统研究老字号时空演进提供了重要的视角。

近年来，中国企业在国际市场上逐步获得优势。打造中国品牌、讲好中国的品牌故事，对树立中国文化自信具有重大影响。2014 年，习近平总书记在河南省考察时指出，"推动中国制造向中国创造转变、中国速度向中国质量转变、中国产品向中国品牌转变"，这"三个转变"为打造中国制造品牌建设指明了方向，也为甘宁青地区标志性品牌的老字号的发展指明了方向，也对这些地区老字号未来如何成长壮大提出了重大命题。面对全球化背景下国内外竞争对手的冲击，老字号的发展举步维艰，在国内市场叫好又叫座的老字号寥寥无几。一方面，需要老字号转变经营机制，提升管理水平，适应现代市场的需要；另一方面，需要政府部门对老字号给予一定的政策优惠，以推动其发展。改革开放以来的恢复政策使老字号得到了新生，但城市建设、旅游经营、区域经济发展等因素仍对老字号影响至深。在今天竞争更为激烈的市场中，推动老字号发展的金融税收政策、品牌推广政策、文化展示政策等将起到重要作用。因此，基于甘宁青地区老字号的演进历史和当前发展现状，本书进行了如下研究：

（一）重视社会网络对企业的影响，深入研究网络嵌入背景下老字号成长路径

由于历史上战乱频繁，经济基础薄弱，导致甘宁青地区在中华人民共和国成立初期没有建立起有效的产业，在国内知名度较高的企业或品牌极少。作为本区域具有较高影响力的老字号担当了这个重任，形成了区域市场重要的标志性品牌，其对于提升消费者对区域品牌形象的认知，以及对

---

① 华维慧. 老字号发展中的限制因素浅析［J］. 江苏商论，2010（7）：22-23.
② 陶鸿，赵媛，袁晓燕，陶萍. 南京"老字号"餐饮企业地理区位变化及影响因素分析［J］. 世界地理研究，2011，20（3）：145-154.

区域市场和中心城市的认知都具有重要作用，逐步肩负起代表区域对外宣传的品牌形象。例如，兰州马子禄牛肉面成为兰州的一张名片，敬义泰是宁夏银川的重要的标志性品牌，西宁小圆门食府是消费者必到的老字号。老字号作为区域标志性品牌，是区域形象打造和传播的重要力量。

"社会网络"一词基于社会学家米切尔（Mitchell）1969 年提出的定义："社会网络就是特定的个人之间的一组独特的联系。"[①]

随着研究的深入，社会网络已从个人范畴延伸到组织范畴，社会网络成为影响组织运营的重要因素。格兰诺维特（Granovetter）从网络嵌入概念着手分析基于社会关系和社会结构形成的社会网络对个人和组织产生的影响[②]。

老字号是崛起于市场、发展于市场的企业主体，其经营受到市场中各种因素的影响，必将嵌入社会网络形成各类基于信任、口碑和文化因素的社会关系，包括企业与政府、居民、顾客、竞争对手等建立起来的政治网络关系、文化网络关系、经济网络关系等。在社会网络关系嵌入背景下，根据老字号与社会网络之间的互动频次、亲密程度以及感情强度，形成了或强或弱的网络关系，格兰诺维特称之为强关系和弱关系[③]。

崛起于本土区域市场的老字号在各种强关系或弱关系的影响下成长，形成不同的成长路径。研究网络嵌入下老字号的成长路径为企业发展提供了重要的决策参考。

（二）技术创新能力是老字号发展的动力，深入探究技术创新能力对企业成长的影响

学术界对技术创新和技术创新能力问题一直保持着较高的关注度。

魏江和寒午认为，技术创新能力是为实现企业创新战略由产品创新能力和工艺创新能力耦合构成的系统整体功能[④]。

---

① Mitchell，Clyde J. The Concept and Use of Social Networks［M］// Social Network in Urban Situations，Edited by J.C.Mitchell.Manchester，Eng：Manchester University Press，1969.

② Granovetter M，Swedberg R.The sociology of economic life［M］.Boulder：Westview，1992.

③ Granovetter M. Economic action and social structure：The problemof embeddedness［J］. American Journal of Sociology，1985，91（3）：481–510.

④ 魏江，寒午.企业技术创新能力的界定及其与核心能力的关联［J］.科研管理，1998（6）：3–5.

沈达勇认为，技术创新能力促进中小企业成长[①]。从技术创新角度来看，老字号企业的技术主要来自传统的工艺和产品制造技术，处于不同区域和市场背景下的老字号技术创新能力有显著的差异。

尉建文和刘波研究表明，老字号技术创新存在着明显的路径依赖，大多数老字号缺乏创新[②]。

文明的传承，首先是老字号品牌文化的传承，老字号企业和产品技艺是中华民族文化宝贵的财富，运用知识产权法、商标法保护企业传统技艺、商标是当务之急。从企业角度来说，面对日益竞争激烈的市场，一方面需要保持老字号的传统工艺和产品特色，另一方面需要在传承传统技术的基础上加强企业技术创新和研发，不断适应顾客的需求。要保持这两个方面的平衡，需要企业不断提高营销能力，切实从市场出发提升老字号的竞争优势。

（三）重视老字号演进过程中的品牌价值变化，深入研究老字号品牌进化问题

企业在不断成长过程中，品牌给予消费者承诺在不断演变，企业品牌价值也在不断变化。从品牌生态角度看，品牌也经历着进化的过程。甘宁青地区的老字号历经百年发展，在不断进化过程中不断积累着品牌价值。起源于民间的甘宁青地区老字号多以餐饮食品为经营主业，民间小吃或特色风味成为主要特色，饭店字号、招牌在早期仅仅作为市场标识，并没有进行必要的法律保护，老字号商标、域名的注册和专利申请没有跟上。作为区域知名商标，老字号成为被抢注的对象，严重损害了企业形象。

一些地方政府和企业对老字号品牌保护的法律意识淡薄，出于历史原因，许多老字号至今没有注册商标，如"吴忠民族饭庄""迎宾楼"等老字号，致使市场上出现一些假冒伪劣产品或仿冒老字号的经营场所，令消费者难以辨识，给老字号声誉带来了较大的负面影响。因此，要积极挖掘老字号的品牌文化，研究老字号品牌的历史价值、商业文化

---

① 沈达勇.基于技术创新能力的中小企业内生性成长性研究［J］.当代经济科学，2017，39（3）：116-123+128.

② 尉建文，刘波."老字号"企业技术创新影响因素的实证分析［J］.广西民族大学学报（哲学社会科学版），2015，37（2）：72-76.

价值和生产工艺价值，从非物质文化遗产保护、品牌文化、区域历史文化角度促进老字号品牌进化。

二、研究意义

（一）进一步探索网络嵌入背景下企业成长路径

企业成长是经济学与管理学重要的研究领域，起源于亚当·斯密的分工理论，其后，吉布莱特（1931）、科斯（1937）、钱德勒（1962）、纳尔逊和温特（1982）、爱迪斯（1988）等分别从经济学与管理学视角分析企业成长过程与规律。经典经济学理论重视外生力量对企业规模和成长动力的影响，彭罗斯（1959）发表《企业成长理论》后，学者将企业成长的影响因素由外向内，注重从内生的资源和能力角度分析企业成长。现代企业受到各种社会网络的影响，企业成长受内生因素形成的内部关系网络的影响，也受到外生因素形成的民族文化、政治等社会网络的影响。区域文化的嵌入使企业带有显著的民族文化特色，政治关系网络的嵌入使企业陷入政策支持和市场驱动的困扰中，而基于网络嵌入视角分析企业成长的影响因素可以揭示企业发展的外部社会网络的影响。创新能力是现代企业整合内外部资源进行创新变革、提升竞争力的过程。

长期以来，企业在动态变迁过程中获取了内外部资源知识并进行整合，产生了新的创意为市场提供有价值的产品和服务、新的工艺流程或商业模式，通过研究社会网络嵌入对创新能力提升的机制可以有效推进企业成长。品牌进化是基于品牌生态研究、反映品牌成长演化过程的核心品牌理论，着力于研究基于时间演化的品牌理念、品牌形象变迁的机制与路径。在社会网络嵌入背景下，来自内外部网络资源的知识和能力深入地影响着企业的成长和创新，通过研究网络嵌入影响下的企业品牌进化和创新能力提升对企业成长的影响，将为企业成长研究提供全新的视角。

（二）从技术创新能力与品牌进化视角分析对企业成长绩效的影响

技术创新能力是企业创造竞争优势并实现成长的核心要素。技术创新能力对于企业成长具有显著影响[①]，技术创新能力是评价企业创新程

---

① 王勇，程源，雷家骕.IT 企业技术创新能力与企业成长的相关性实证研究 [J].科学学研究，2010，28（2）：316—320.

度的重要指标。技术创新能力可以反映企业内生的能力体系，包括技术
人才、管理系统、技术系统等。企业通过对技术人才的培养、内部知识
的积累、外部知识的学习以及知识的整合应用可以显著催生技术进步，
从而促进企业成长。菲利普·科特勒和凯文·莱恩·凯勒认为，一个公
司最有价值的无形资产之一就是品牌，提出"21 世纪成功品牌的营销
者必须拥有卓越的品牌管理能力"[①]。

在企业成长过程中，品牌作为企业与顾客之间的承诺，是企业向顾
客传递积极的体验、优质的产品或服务的载体，被顾客赋予品位或身份
的象征，与自身的需求密切相关。良好的品牌形象能够影响顾客行为，
提高顾客忠诚度。但企业品牌不是固定不变的，一方面，随着企业的产
品或服务技术的不断提升，向顾客传递的营销理念不断变迁，品牌内涵
也逐步转变；另一方面，随着顾客生活方式和生活理念的变迁，为适应
顾客需求变化，品牌传递的信息和价值也要发生变化。从生态意义上
说，这是品牌不断进化的过程。钱旭潮等研究了科技企业案例，实证分
析科技企业成长规律，认为"技术创新和品牌价值承诺共同产生推力驱
动企业成长"[②]。

老字号发展历史表明，在不断变迁的消费市场，老字号企业不断
改进产品和服务工艺，通过提升技术创新能力推动企业成长，同时在
百年成长历史中，老字号的品牌也在不断进化，以适应消费者需求的
变迁。本书从实证角度分析老字号品牌进化历程，分析技术创新能力
和品牌进化双元能力影响下老字号品牌成长绩效，探究老字号成长的
路径和机理。

（三）从实践角度分析老字号企业成长案例，探索企业成长路径

在新的历史时期，作为区域标志性品牌的老字号企业对于带动
区域内企业发展具有重要的战略价值。本书基于企业创新能力和品
牌进化两个方面关注企业的创新发展，通过扎实的田野调查，从企
业、消费者、竞争对手、相关利益者几个方面深入分析，利用扎根

---

① 菲利普·科特勒，凯文·莱恩·凯勒. 营销管理（第十五版）[M]. 何佳讯，等
译. 上海：上海人民出版社，2016.
② 钱旭潮，张昌国，陈清爽. 基于技术创新和品牌联动成长的科技企业成长阶段模
型——来自中国企业案例 [J]. 科技管理研究，2020，40（18）：141–149.

理论进行单案例研究和多案例分析，探寻创新能力演进和品牌进化形成的传导机理与产生的效应，为区域企业成长提出相应的对策。本书重点探讨老字号企业创新能力提升与品牌进化之间的关联机制，通过揭示两者间深入而复杂的关系，力图从案例角度详细分析老字号企业创新能力与品牌发展轨迹和经营特色，研究促进老字号企业的成长模式。

（四）从实证角度为企业成长提供重要的政策建议

我国西北地区深居内陆，距海遥远，降水稀少，气候干旱，人口较少。近现代以来，经济基础比较薄弱，发展比较滞后。在全国乃至国际市场上知名企业较少，其中，延续百年的老字号企业是该区域标志性品牌。因此，深入西北地区，挖掘老字号企业发展过程中积累的经营与管理经验，分析老字号技术创新能力和品牌发展的路径，可以从应用角度研究发展甘宁青地区老字号企业的政策建议，将对甘宁青地区老字号企业创新能力与品牌成长、提升民族地区企业竞争力具有重要的推广意义。

第二节　研究内容和研究方法

拥有世代传承的民族记忆和历史悠久的金字招牌的老字号作为民族品牌是建设文化自觉与文化自信的重要载体，积极推进老字号成长，促进民族自主品牌可持续发展是国家品牌战略的重要组成部分。近年来，甘宁青地区大力推进区域老字号发展，围绕培育壮大特色优势产业、延长产业链条、提升区域品牌形象和市场竞争力，制定出台了多项政策和规划。2019 年，甘肃省人民政府办公厅出台了《关于加快发展流通促进商业消费的实施意见》，保护和发展"甘味"老字号企业。青海省商务厅新修订了青海老字号认定管理办法，对青海老字号诚信体系、标识和知识产权主体做了规定。2018 年，宁夏回族自治区出台了《关于促进"宁夏老字号"发展的实施意见》，发布了一系列促进宁夏老字号发展的措施和政策。2019 年甘宁青地区认定的老字号如表 1-1 所示。

表 1-1　2019 年甘宁青地区老字号一览

	甘肃老字号	宁夏老字号	青海老字号
认定数量（个）	14	21	30
认定机构	甘肃省商务厅	宁夏回族自治区商务厅	青海省商务厅

资料来源：甘肃省商务厅、宁夏回族自治区商务厅、青海省商务厅网站。

　　作为独特历史民族文化、政治变迁影响下顽强度过了社会变革、政治风云和体制变迁，实现了企业的成长，深刻影响着区域内企业的发展。进入 21 世纪，甘宁青地区老字号企业所面临的市场和技术环境更加复杂，网络技术的应用使知识扩散速度加快，依靠企业创新能力获得的先行者的优势容易丧失，依靠老字号品牌获取的市场份额也迅速被竞争对手蚕食，作为企业获取竞争优势的"两驾马车"在各自的轨道上不断发力，却一直不相交融，最终影响了企业的竞争力。如何不断提升创新能力、促进品牌进化，成为促进老字号企业不断成长的重大课题。甘宁青地区传统的老字号企业依靠独特的产品特色、专有的企业秘方、忠实的老顾客获得了区域市场的青睐，伴随着"一带一路"建设的推进，老字号企业面对来自外部企业的竞争压力和市场外部化的重要机遇。当前，老字号一方面创新能力不足，核心技术逐步退化；另一方面品牌进化动力不足，品牌形象老化。不断累积创新能力，推动品牌进化，促进老字号企业成长是当务之急。

　　近年来，甘宁青地区经济得到快速发展。2015~2019 年，三省区经济平均增长速度分别为 6.36%、7.48%、7.40%。本区域各政府部门积极推进消费增长，2019 年，三省区消费总额分别为 3700.30 亿元、980.72 亿元、880.75 亿元[①]。地方政府大力促进品牌建设，扶持区域老字号。甘肃省要打造"甘味"品牌[②]；宁夏回族自治区提出"升级'老字号'，开发'原字号'，壮大'宁字号'，让'五大之乡'品牌更加响亮"[③]；青海省致力于培育挖掘"青海老字号"，推进新时期商业诚信体系建设[④]。

[①]　甘肃省统计公报（2015~2019），宁夏回族自治区统计公报（2015~2019），青海省统计公报（2015~2019）。

[②]　甘肃省政府工作报告（2020 年）。

[③]　宁夏回族自治区政府工作报告（2020 年）。

[④]　《"青海老字号"认定管理办法》（青海省商务厅 2019 年修订）。

基于此，本书以甘宁青地区老字号为研究对象，通过扎实的田野调查，从企业、消费者、竞争对手、相关利益者几个方面深入分析，在深入老字号企业进行半结构访谈、单案例和多案例分析的基础上，探寻创新能力演进和品牌进化传导机理与效应，分析影响甘宁青地区老字号企业成长的因素，提出发展甘宁青地区老字号企业的政策建议。

一、研究内容

本书主要从甘宁青地区老字号成长模式下企业创新能力提升与品牌进化关系入手，研究在外部文化和政治网络及内部关系网络嵌入视角下企业创新能力提升和品牌进化的因素，探讨两者的演进过程、关联机制对企业成长的影响，进而构建企业成长的双元模型，并结合老字号企业成长案例和实证分析，提出促进企业成长的路径。初步理论模型见图 1-1。

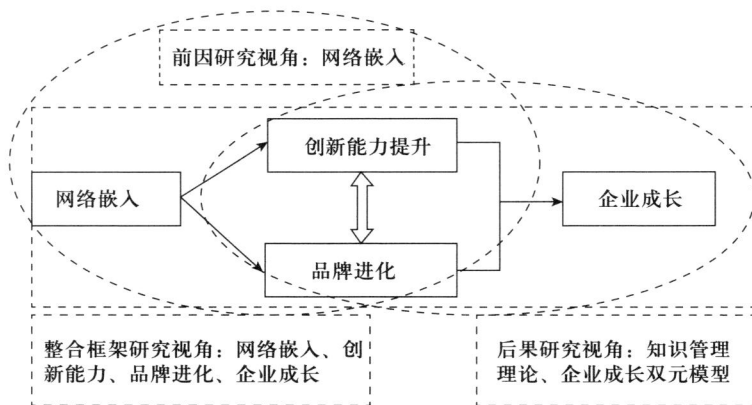

图 1-1　企业成长研究逻辑模型

（一）企业成长前因研究视角：网络嵌入

本节包括三个内容：一是主要通过文献分析、质性研究、实证分析等定性与定量的方法，研究民族文化网络、政治关系网络、企业内部关系网络对创新能力提升的影响，分析社会网络嵌入视角下企业创新能力演变的过程、提升路径，构建在社会网络影响下创新能力提升模型，并通过扎根理论分析、问卷调查进行实证检验，厘清内外部社会网络对企业创新能力提升的影响因素及相关机制。

二是网络嵌入对品牌进化的影响机制研究。这是在国家自然科学基金课题基础上的深化,本研究团队已针对品牌进化发表了十余篇论文。本书研究在网络嵌入视角下品牌如何成长进化,如何在内外部知识网络推动下实现自身的创新。本书研究的范畴包括品牌进化的动力机制、影响因素,品牌进化机制、品牌进化的路径以及对创新绩效的影响,以动态的视角解释品牌成长过程中营销策略变化。

三是在前两个研究的基础之上,通过现有研究及理论推演,并采用结构方程模型、因子分析法、多层线性回归等定量研究方法,建构创新能力提升与品牌进化关联机制的实证模型。企业创新能力提升与品牌进化是两个内在联系的过程,创新能力的不断提升推进了品牌的不断进化,提升了品牌的内涵,为品牌进化提供了着力点;品牌在进化过程中提升了市场份额,推进了企业创新能力提升。本书的研究团队在权威期刊发表的论文《基于知识进化视角的技术创新与品牌进化耦合机制研究》,论证了创新能力提升与品牌进化具有显著的互动效应,创新能力演进引发品牌的进化,品牌进化的绩效推进创新能力演进。但学界仅停留在可能的理论探讨上,鲜有实证研究予以支持,对其相关关系的研究更为稀少。由此,本书将对企业创新能力提升与品牌进化的关系进行了深入的实证研究,以厘清两者的耦合关系。

(二)整合框架研究视角:网络嵌入、创新能力、品牌进化与企业成长

本书采用结构方程模型、因子分析法、多层线性回归等定量研究方法,建构创新能力提升与品牌进化的企业成长机制的实证模型。网络嵌入性视角下,外部社会网络对创新能力提升与品牌进化如何影响,如何实现创新能力提升与品牌进化联动,本书将构建理论模型,并通过实证研究检验模型的效果。本书研究发现,民族文化网络、政治关系网络与企业创新能力和品牌进化呈正相关;企业内部关系网络与创新能力提升和品牌进化呈正相关;网络嵌入视角下老字号企业创新能力提升与品牌进化相互关联,促进了企业成长。

(三)后果研究视角:企业成长双元模型

学术界对企业成长的研究是在彭罗斯的企业成长理论研究基础上不断衍生得出的结论。基于产品与工艺的企业创新能力,基于市场开拓与

创造的市场创新，基于管理制度与组织的管理创新以及制度创新、文化创新、市场创新等创新理论及方式被定义为推动企业创新与成长的重要影响因素。伴随着研究的深入，能力、品牌成为影响企业成长的重要因素，经历了"能力—核心能力—吸收能力和动态能力—创新能力"的研究历程，创新能力成为企业成长的核心来源。不同来源的技术知识、管理制度、营销能力的提升，也包括内生性创造新知识能力的提升，促进了企业成长。从外部市场角度来说，品牌已经成为企业市场创新与营销创新的焦点，基于知识演进的品牌进化直接推动企业成长。因此，本书利用文献研究、质性研究和实证研究等定性与定量方法构建基于创新能力提升与品牌进化的企业成长双元模型，探讨如何形成系统的企业成长动力机制，为企业今后的发展寻找出清晰的成长路径，如图1-2所示。

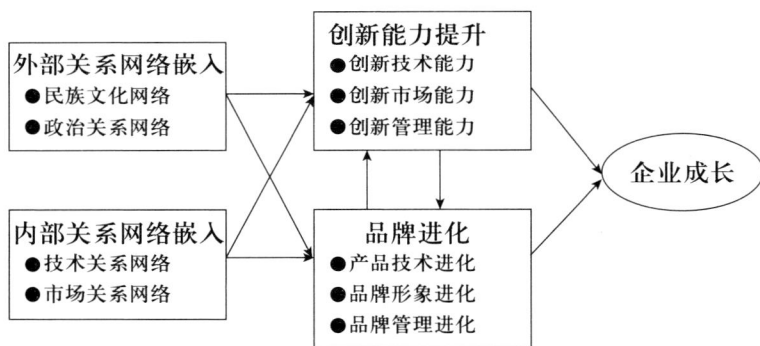

图1-2 企业成长概念模型

（四）甘宁青地区老字号企业案例及企业成长路径研究

通过实地调研，从民族文化网络、政治关系网络和企业内部关系网络角度分析甘宁青地区老字号企业在创新能力提升和品牌进化过程的经验、存在的问题和未来的战略选择。同时，以多案例分析的方法，全视角地分析区域内甘宁青地区老字号企业技术创新和品牌建设的现状，基于企业案例探索解决老字号企业发展的路径。

二、研究目标

甘宁青地区老字号企业相对于东部地区具有较大差距，一方面是技术水平和创新能力的差距，另一方面是品牌市场影响力的差距。深入研究区域内企业创新能力提升和品牌进化的规律，从网络嵌入视角探索品牌进化与创新能力的关联机制，才能整合现有资源，打造具有区域特色的甘宁青地区老字号企业强势品牌，促进企业成长。甘宁青地区老字号企业，既构成一个独特的生态系统，又在外部市场的冲击下经历着竞争和自我进化，只有探索清楚甘宁青地区老字号企业成长特点，寻找出适应区域发展特点的创新能力提升与品牌进化模式，才能缩小差距，加快企业发展。基于此，本书研究的目标是以网络嵌入理论、知识管理理论、企业能力理论和品牌生态学相关理论为指导，分析提炼影响创新能力提升和品牌进化的关键因素，利用扎根理论和结构方程模型构建创新能力提升与品牌进化的关联机制模型，探索创新能力提升与品牌进化的关系和运动规律，并结合甘宁青地区老字号企业进行实证分析，构建网络嵌入视角下基于创新能力提升与品牌进化的企业成长模型，提出具体可行的企业成长战略和路径。

（一）构建网络嵌入与创新能力提升关系模型

网络嵌入是组织间联系的重要特征之一，深刻影响着企业成长与组织绩效。作为以知识管理为内涵的企业创新能力提升过程就是知识流动的过程。因此，在网络嵌入视角下，研究民族文化网络、政治关系网络与企业内部关系网络对创新能力提升，分析创新能力提升的路径以及对绩效的影响是研究的关键。

（二）构建网络嵌入与品牌进化关系模型

基于知识管理的品牌进化是品牌伴随时间演进逐步成长的过程。来自外部社会网络知识与内部关系网络知识的发现、扩散、吸收以及创造推进着品牌演变与竞争力提升。基于甘青宁地区老字号案例探索网络嵌入对品牌进化及绩效的影响具有重要意义，可以为进一步研究外部社会网络与内部关系网络嵌入对品牌进化过程、相互传导关系研究提供重要的理论支撑。

（三）网络嵌入视角下创新能力与品牌进化的关联机制研究

本书以企业成长为切入点进行研究，厘清创新能力与品牌进化的内涵，揭示两者的关系。探索民族文化网络、政治关系网络、企业内部关系网络影响下创新能力与品牌进化的关系，探测企业创新能力提升和品牌进化的关联机制，探求在企业层面上传导路径的作用效果及动态变化。

（四）构建基于创新能力提升与品牌进化的企业成长双元模型

在创新能力提升与品牌进化关系研究的基础上，利用调研数据研究基于创新能力提升与品牌进化的企业成长模型，从理论和实证角度，探求企业成长模型和成长路径。本书将利用大量的调查数据来探索甘宁青地区老字号企业在特殊的地域和民族文化背景下的成长路径，以及未来可选择的发展模式。

三、研究方法

本书的主要数据源包括《中国统计年鉴》（2000～2015年）、《宁夏统计年鉴》（2010～2015年）、《青海统计年鉴》（2010～2015年）、《甘肃统计年鉴》（2010～2015年）；特别需要强调的是，本书在国家自然科学基金的支持下，对甘宁青地区县级及以上政府公报、统计年鉴、投资报告等资料进行了收集和整理，积累了30多家老字号企业的案例资料。在此基础上，深入甘宁青三地的老字号企业，从企业、竞争对手、顾客三个方面开展调查研究，积累调查资料和问卷数据，结合实证研究和规范研究的方法，以实证研究为主，试图在理论上有所突破，具体如下：

（一）规范研究

本书在原有的研究基础上收集了国内外关于创新能力、企业成长、网络嵌入、品牌生态、品牌进化的文献资料，在已有的文献研究的基础上，进行整理归纳，作为本书研究的基础，并通过归纳演绎，建立分析框架和假设模型。

（二）实证研究

实证研究是本书的重要研究方法，扎实进行问卷设计、使用、分析具有重要意义。在测量量表选取方面，为控制语意差别对问卷有效性的影响，本书所涉及变量的测量量表凡为西方学者开发的，均采用了翻译—回译方法。尤其是对网络嵌入、创新能力提升、品牌进化、企业成长等变量进行测量时，量表采用原始量表与新设量表相结合，根据预调查测试结果修订测量题项，力求科学严谨。在问卷设计上，为保证测量问卷的真实性与准确性，在问卷设计时须重点考虑可能存在的共同方法变异（即同源偏差）及被试的社会赞许倾向，采取相应的事前控制措施，并对其进行事后检验，以求将测量的失真度降到最低。本书深入甘宁青地区老字号企业以及顾客、竞争对手、相关政府部门科研院所调研，利用统计学知识探寻甘宁青地区老字号企业成长的现状和变动规律，通过利用 SPSS 和 AMOS 等统计分析软件对模型进行检验，从中归纳出企业创新能力与品牌进化的演进过程，构建网络嵌入视角下基于老字号企业创新能力提升与品牌进化的企业成长模型。

（三）扎根理论研究

本书在宁夏、甘肃、青海等地选取合适样本，通过对样本的深度访谈，结合样本企业资料开展扎根理论研究。为避免样本同质性，在选择被试样本时在行业、企业性质、年龄、性别、工作年限、受教育程度等基本特征上有所差异，然后对调查结果进行转码、编码及录入，通过扎根理论的分析方法，得出研究结论。

（四）案例研究

课题组开展深入的田野调查，走访相关企业、顾客，通过深度访谈方法对甘宁青地区老字号企业进行案例研究，包括典型案例研究、多案例研究等，从质性研究角度探索甘宁青地区老字号企业创新能力与品牌进化的联动机制，探讨两者互动影响的途径、具体作用效果、动态变化规律，并进行相应的假设检验。

（五）多学科交叉综合运用

本书采用知识管理学、演化经济学、市场营销学、生态学和社会网络等多门学科交叉应用的研究方法。具体来说，使用知识管理学中的"知识流"思想分析企业知识流入与流出特点、发展方向以及阶段特征；根据演化经济学的理论厘清甘宁青地区老字号企业创新能力的过程和演化规律；根据市场营销学的产品生命周期理论、品牌管理理论、品牌生态理论分析当前甘宁青地区老字号企业品牌进化特点、影响因素；利用生态学的进化理论以隐喻的视角分析企业创新能力过程和品牌进化过程；利用社会网络理论有效分析网络嵌入的含义、作用，并从网络嵌入的视角分析品牌进化机制和路径。

第三节　研究技术路线与创新

一、技术路线

本书基于实地调研和文献回顾，在此基础上提出核心研究问题，即探讨网络嵌入、企业创新能力、品牌进化与企业成长之间存在何种关系，围绕这一核心问题，设计了4个子研究。根据本书研究理论框架和假设，研究设计与数据收集、统计分析，形成核心研究模型：建立甘宁青地区老字号企业成长双元模型，提出企业成长路径，最后总结、归纳本书研究理论贡献与政策价值，分析研究不足，提出未来研究展望。本书研究技术路线如图1-3所示。

二、研究的可行性分析

首先，本书课题组依托单位地处西北，对甘宁青地区比较熟悉，可以通过走访、座谈、发放问卷等方式获得相应资料；依托单位是院校，有大量学生分布在甘宁青地区，对甘宁青地区老字号企业十分熟悉，我们通过组织学生深入相关企业实习、调研，获取第一手资料，为甘宁青地区老字号企业案例研究提供方便。

其次，自2012年以来，"甘宁青地区老字号品牌进化"研究团队在国家自然科学基金的支持下深入甘肃、宁夏、青海等地寻找甘宁青地区老字号，获得了大量一手资料，总结了甘宁青地区老字号品牌发展过程中存在的问题、进化过程和规律，在重要期刊发表了一批学术论文并出版了专著。同时，对30余家老字号企业进行了深入访谈，积累了一批企业案例资料。研究成果为地区相关企业的品牌建设与传播提供了重要的理论参考和实践指导价值。在进一步研究过程中，研究团队发现，创新能力提升与品牌进化对企业成长具有重要的研究价值，希望以后进一步深入研究，以取得更大成就。

最后，本书课题组成员长期从事战略营销管理、品牌战略与管理、品牌生态与进化理论的研究，对甘宁青地区老字号企业较为熟悉，并积累了一批相关企业相关案例。相信经过扎实的田野调查与理论研究，能

图 1-3　本书研究技术路线

够为相关研究提供人员与资料支持。以上这些为本书最终成果的实现提供了可行的条件。

三、研究特色与创新

（一）研究特色

本书以企业成长理论、品牌理论、企业能力理论、创新理论为基础，利用扎根理论、案例研究、结构方程模型、多层次因子分析等研究方法，立足于甘宁青地区老字号企业经营实际，分析老字号企业成长特征，在剖析企业成长的内源动力、外源动力的构成因素及作用机理的基础上，构建基于企业创新能力提升和品牌进化的企业成长双元模型，以系统解释企业成长的演化规律。

通过构建网络嵌入与企业创新能力提升、品牌进化模型，验证在民族文化网络、政治关系网络等外部网络和企业内部关系网络对企业创新能力提升及品牌进化的影响；构建网络嵌入机制影响的创新能力提升和品牌进化关联机制模型，探究网络嵌入条件下创新能力提升对品牌进化的相互影响和作用机理；基于扎根理论研究甘宁青地区老字号企业经营发展实际，力图通过田野调查，从资料和调研着手研究甘宁青地区老字号案例，归纳基于创新能力提升和品牌进化的企业成长规律。在以上研究的基础上，结合老字号企业成长实际提出促进企业成长的模式、路径，构建促进企业成长的政策体系。

（二）研究创新

1. 实证方法有所突破

本书在解构、剖析甘宁青地区老字号经营环境的基础上，从网络嵌入视角探索外部社会网络和企业内部关系网络影响下，企业创新能力形成机制和提升路径、品牌进化过程及机制，以实证研究的方法构建企业创新能力与品牌进化的关联模型，用于探讨两者互动影响的传导途径、联动机制，这是本书研究的一大亮点。

2. 研究内容细化与拓展

影响企业成长的因素有很多，但从网络嵌入的视角看，民族文化网络、政治关系网络是影响企业成长的外源动力，而企业内部关系网络是企业成长的内源动力。由此通过构建基于创新能力提升和品牌进化的企业成长双元模型，能够有效解释企业成长机理、动力机制和路径，这是对企业成长理论研究的进一步细化和拓展。

3. 政策设计有所创新

本书深入甘宁青地区老字号企业，通过扎根理论研究企业案例，通过设计创新能力提升的指标和品牌进化指标分析甘宁青地区老字号企业创新能力与品牌进化轨迹，探索甘宁青地区老字号企业成长特点，对于研究中国民族特色企业成长经验，提出促进甘宁青地区老字号企业成长的政策与建议，形成对微观主体的正向激励政策和制度设计，对促进企业转型升级、政策设计具有一定的创新价值。

第二章　研究理论基础与文献综述

见贤思齐焉，见不贤而内自省也。
——孔子
掌握新技术，要善于学习，更要善于创新。
——邓小平

【本章导读】马克思认为："理论只要说服人，就能掌握群众；而理论只要彻底，就能说服人。"能够掌握群众和说服群众的理论是与群众相关的，能够有效解决群众问题的，这就是判断好理论的标准，即相关性和有效性。一个好的理论，首先，要与被解释的现象相关，包括"实践的"相关和"理论的"相关。其次，需要具有有效性，理论能够与实践关联，能够有效地解释客观现象，并具有一定的深度。基于文献进行理论综述，可以通过文献梳理为理论构建奠定基础，指明研究方向。当然，艾默生也说："不要沿着已有的道路行进，要到没有路的地方另辟蹊径。"创新是理论发展的方向。对老字号企业成长进行研究应从多个角度进行，一方面，需要对已有的经典文献进行梳理，为进一步研究打下基础；另一方面，需要有新的视角进行理论创新，探索老字号企业成长的机理和路径，以促进企业发展。

当我们深思熟虑地考察自然界或人类历史或我们自己的精神活动的时候，首先呈现在我们眼前的，是一幅由种种联系和相互作用无穷无尽地交织起来的画面。[①] 在全球化背景下，企业之间的相互联系促进了商业规模的扩大和企业的发展，由此基于供应商、制造商、消费者或其他

---

① 马克思恩格斯选集第三卷［M］.北京：人民出版社，1995.

利益相关者间建立强有力的伙伴关系，通过资源共享获得市场信息、行业技术开发信息，建立合作与互信从而促进其品牌的进化。党的十九届五中全会通过了《中共中央关于制定国民经济和社会发展第十四个五年规划和二〇三五年远景目标的建议》，提出加快数字化发展，建设国家数据统一共享开放平台；发展战略性新兴产业，推动互联网、大数据、人工智能等同各产业深度融合，推动先进制造业集群发展。这无疑为社会网络嵌入下企业的发展提供了良好的机会。

企业处于一个错综复杂的网络之中，企业间网络化已经成为必然趋势，与企业经营活动相关的各种社会网络资源，包括政治关系网络资源、商业网络资源等，既是企业获得外部知识、信息、资本要素的重要来源，也是影响企业品牌运营的重要外部因素。因此，面对复杂的社会网络，企业如何促进品牌进化以实现企业绩效的增长，日益成为企业品牌运营的重要问题。

随着现代管理理论的发展，企业创新能力、社会网络嵌入、创业理论、品牌理论被引入企业成长理论，众多学者分别利用案例研究、实证研究方法探索企业成长过程、新企业演化过程规律，提出了许多富有洞见的研究成果，丰富了企业成长理论。基于互补性活动、资源依赖、企业协作的社会网络理论的提出，改变了管理学者专注于组织活动边界、企业内部组织安排、企业内部资源与能力的研究方向。

第一节　网络嵌入理论

一、网络嵌入的概念辨析

宏观环境和微观环境是影响企业经营环节的重要因素，并通过交易形成相互关联的网络关系。众多学者从多个角度研究了组织之间的关系互动、关系结构以及认知等问题，并深入研究了网络与组织关系强弱和网络中心性问题，由此形成了重要的网络嵌入理论。

格兰诺维特认为，弱关系在资源和信息获取方面更能发挥成本优势①。

Krackhardt 认为，强关系相比弱关系更有效率②。

Burt 的结构洞理论清晰地说明，占据结构洞的中间节点可以通过掌握两端节点的信息获取资源优势，以此获取收益。强弱关系理论、结构洞理论构成社会网络研究的理论基础，为网络嵌入理论提供支持③。

在社会学研究中，网络嵌入性反映了组织与组织、组织与个人之间的社会关系的互动，描述社会行为与社会结构连接关系，被认为是连接社会学、经济学与组织理论的重要桥梁④。对网络嵌入性概念的重视始于 1985 年的一篇经典论文：《经济行动和社会结构：嵌入性问题》，该篇论文认为，"社会网络是社会结构的核心，经济行为嵌入于社会结构"⑤。

网络嵌入性概念的提出为社会学、经济学和管理学研究提出了重要的研究视角，通过分析网络的强关系、弱关系、网络结构、网络位置、结构洞等问题来研究网络嵌入对企业成长、企业创新、知识转移的影响。例如，Dyer 和 Singh 认为，企业可以通过嵌入网络实现创造关系性资产、共同学习与知识交流、能力互补以及优化的网络结构等方式获得竞争优势⑥。由此可以看出，在社会网络嵌入背景下，内外部网络结构、网络关系对企业成长和绩效具有显著影响。

①⑤　Granovetter M.Economic action and social structure：The problem of embeddedness［J］. American Journal of Sociology，1985，91（3）：481–510.

②　Krackhardt D. The strength of strong ties：The importance of philos in organizations［M］. Brighton：Harvard Business School Press，1992.

③　Burt Ronald.Structure holes：The social structure of competition［M］. Cambridge：Harvard University Press，1992.

④　王劲波. 网络嵌入性对知识获取的影响研究——以中国制造企业为例［J］. 厦门大学学报（哲学社会科学版），2012（6）：126–134.

⑥　Dyer J H，Singh H.The relational view：Cooperative strategy and sources of interorganizational competitive advantage［J］. Academy of Management Review，1998，23（4）：660–679.

二、关于网络嵌入类型的研究

网络嵌入理论作为社会网络理论的核心概念反映了行动者在网络中的地位，以及该行动者与其他网络主体的关系。

格兰诺维特将嵌入型分为结构嵌入和关系嵌入[①]。结构嵌入反映组织在社会网络中的位置，通常用网络密度、中心性和范围来表示。关系嵌入是指组织与社会网络之间的信任关系、信息共享合作程度以及共同解决问题程度，通常用关系质量、关系强度来表示。格兰诺维特对网络嵌入类型的分类是从网络嵌入的方法入手，提供重要的分析工具。

Zukin 提出，网络嵌入包括结构嵌入、认知嵌入、文化嵌入、政治嵌入四个方面，旨在分析政府制度、政策和规章对企业活动的影响[②]。

Halinen 和 Tornroos 从商业活动角度分析了一系列企业经营活动的影响因素，企业在与环境因素互动的过程中形成社会嵌入、政治嵌入、市场嵌入、技术嵌入、时间嵌入和空间嵌入。从时间与空间角度分析影响企业运营的因素，企业与政府、社会、市场以及互动的过程中，一方面形成对这些网络关系的依赖，另一方面相互影响形成互动互利的网络关系[③]。

Johannisson 和 Pasillas 从内容和结构角度提出嵌入性分类，分为实体嵌入和系统嵌入[④]。

黄中伟和王宇露认为，社会网络是企业运营过程中形成的各类影响要素，并相互影响；企业嵌入在社会网络中，一方面通过构建关系从网络中获取竞争资源，另一方面形成路径依赖，限制了企业行为时空。对社会网络嵌入的各种分类要根据研究视角的不同选取相应的变量指标[⑤]。

①　Granovetter M.Economic action and social structure：The problem of embeddedness［J］. American Journal of Sociology，1985，91（3）：481–510.

②　Zukin，Dimaggio.P.Structures of capital：The social organization of economy［M］. Cambridge，M A：Cambridge University Press，1990.

③　Halinen A，Tornroos J.The role of embeddedness in the evolution of businessnetworks［J］. Scandinavian Journal Management，1998，14（3）：187–205.

④　Johannisson B，Pasillas M .The Institutional embeddedness of local inter–firm networks： A leverage for business creation［J］.Entrepreneurship & Regional Development，2002，14（4）： 297–315.

⑤　黄中伟，王宇露.关于经济行为的社会嵌入理论研究述评［J］.外国经济与管理， 2007（12）：1–8.

结合格兰诺维特的分析和此后的相关研究，我们认为，关系嵌入和结构嵌入反映了企业与社会网络的相互关系以及内部结构关系，认知嵌入可以从企业内部认知和外部社会认知角度观察社会网络，为分析网络嵌入提供重要方法理论基础。

三、网络嵌入理论与企业成长关系的研究

自网络嵌入理论提出后，研究网络嵌入与企业关系的文献与日俱增，逐渐成为研究的热点。网络嵌入理论是企业成长理论研究的一个重要内容，企业成长理论是管理学界研究的重点领域。学界当前主要围绕企业成长动力、企业成长阶段、企业成长环境、企业成长测度以及新创企业成长及影响因素等问题进行研究。近年来，国内外部分学者在企业成长与创新网络、创新能力和品牌进化等方面取得了一定的进展，其中，企业创新能力、社会网络嵌入、创业理论、品牌理论被引入企业成长理论，众多学者分别利用案例研究、实证研究方法探索企业成长过程、新创企业演化过程的规律，提出了许多富有洞见的研究成果，丰富了企业成长理论。基于互补性活动、资源依赖、企业协作的社会网络理论的提出，改变了管理学者专注于组织活动边界、企业内部组织安排、企业内部资源与能力的研究方向。本书从网络嵌入与技术创新能力关系，网络嵌入与品牌关系的角度，分析网络嵌入与企业成长。

在现代企业成长过程中，技术创新和品牌是推动企业成长的重要力量。陈晓红和马鸿烈基于 414 家中小上市公司数据分析认为，科技型中小企业技术创新与企业成长呈现显著的正向关系[①]。

钱旭潮等对南京威尔药业等三家科技型企业的成长阶段进行研究后认为，技术创新和品牌价值承诺共同产生推力驱动企业成长[②]。对此进一步引入社会网络因素，从社会网络嵌入与企业成长角度探索两者的关系，可以得到更为丰富的结果。

McEvily 和 Zaheer 从知识流动和共享的视角，实证分析对企业技术

---

① 陈晓红，马鸿烈.中小企业技术创新对成长性影响——科技型企业不同于非科技型企业？[J].科学研究，2012，30（11）：1749–1760.

② 钱旭潮，张昌国，陈清爽.基于技术创新和品牌联动成长的科技企业成长阶段模型——来自中国企业案例[J].科技管理研究，2020，40（18）：141–149.

创新的贡献。从企业技术创新能力看，网络嵌入使企业与社会网络之间通过不断提升知识交流和共享学习能力，从而可以提高企业自身的技术创新能力[①]。

Gertler 等基于加拿大企业经营数据分析得出，社会网络嵌入对加拿大本土企业创新力具有提升作用的结论[②]。

施放等根据浙江信息技术企业 218 份有效问卷分析关系嵌入对企业技术创新能力的影响，认为社会网络关系嵌入正向影响技术创新能力[③]。

从知识管理角度看，社会网络嵌入促进了知识的流动，作为知识节点的企业，通过吸收、消化和共享，将之转化为自己的专门知识，形成企业的技术创新能力。从这个意义上说，网络嵌入促进了企业技术创新能力的提升，为本书研究提供了重要的理论基础。

网络嵌入背景下的品牌研究，近年来开始散见于主流文献，主要集中于消费者基于社会网络嵌入背景的品牌识别、消费者心理所有权与品牌关系的研究等。

Nicola 基于 421 份问卷实证分析了访客的民族品牌嵌入度和个性一致性与民族品牌识别，访问意图和宣传的相关性[④]。

Zhang 等基于社会交流理论，从心理所有权的角度研究了网络嵌入与社区成员品牌相关的行为意图之间的关系[⑤]。

Christina 研究了在虚拟品牌社区中网络嵌入度和心理所有权在消费者对品牌违规反应中的作用[⑥]。伴随着社会网络嵌入理论的发展，相关

---

① McEvily B, Zaheer A.Bridging ties: A source of firm heterogeneity in competitive capabilities [J]. strategic management journal, 1999, 20 (12): 1133-1156.

② Gertler M.S., Wolfe D.A, Garkut D. No place like home? The embeddedness of innovation in a regional economy [J]. Review of International Political Economy, 2000, 7 (4): 688-718.

③ 施放, 王静波, 蒋天颖.企业社会网络关系嵌入对技术创新能力影响的实证研究——基于不同技术创新阶段的视角 [J].浙江社会科学, 2014 (1): 79-86+95+157.

④ Nicola E.Stokburger-Sauer.The relevance of visitors' nation brand embeddedness and personality congruence for nation brand identification, visit intentions and advocacy [J]. Tourism Management, 2011, 6 (32): 1282-1289.

⑤ Zhang, Jing-Yu; Nie, Ming; Yan, Bing-Sheng; Wang, Xing-Dong. Effect of network embeddedness on brand-related behavior intentions: Mediating effects of psychological ownership [J] Social Behavior and Personality: An International Journal, 2014, 42 (5): 721-730.

⑥ Christina A.Kuchmaner Jennifer Wiggins Pamela E.Grimm Show more.The role of network embeddedness and psychological ownership in consumer responses to brand transgressions [J]. Journal of Interactive Marketing, 2019, 47 (8): 129-143.

研究为品牌研究提供了重要的理论支持，主要研究集中于网络嵌入与品牌价值关系。

王松等基于259份问卷实证分析了虚拟品牌社区中网络嵌入对顾客参与的品牌价值共创的正向影响关系[①]。

张强和李晓彤研究了网络嵌入对制造业企业品牌价值的影响[②]。

在网络嵌入与企业成长研究方面，吴晓波等通过实证研究发现，网络嵌入性与本地企业知识获取有正向关系[③]。

窦红宾和王正斌基于西安光电子产业集群106家企业问卷，实证分析了网络结构对企业成长绩效的正向影响[④]。

尹苗苗等基于441家企业数据的实证分析，论证了创业网络与企业成长的倒"U"形曲线关系[⑤]。

朱福林和陶秋燕更进一步研究了中国式生存环境框架下社会网络可以带来"资源获取"和"交易润滑"两大社会机制，从而对企业成长与发展带来重大影响[⑥]。

综上所述，网络嵌入为企业发展和成长研究提供了重要的研究视角，从环境影响角度，网络嵌入与企业技术创新、品牌价值创造和企业成长都具有密切关系，在特定背景下，社会网络嵌入为企业提供竞争资源和关系资源，使企业得以利用资源参与竞争。同时，既定的环境和成长路径限定了企业发展，形成路径依赖，影响了企业创新，基于网络嵌入理论为企业成长研究提供了重要的理论基础。

---

① 王松，丁霞，李芳. 网络嵌入对虚拟品牌社区顾客参与价值共创的影响研究——自我决定感的中介和社区支持的调节［J］. 软科学，2019，33（11）：107–112.

② 张强，李晓彤. 网络嵌入对制造业企业品牌价值影响机理与作用边界的整合［J］. 北京理工大学学报（社会科学版），2018，20（3）：90–97.

③ 吴晓波，刘雪锋，胡松翠. 全球制造网络中本地企业知识获取实证研究［J］. 科学学研究，2007（3）：486–492.

④ 窦红宾，王正斌. 网络结构对企业成长绩效的影响研究——利用性学习、探索性学习的中介作用［J］. 南开管理评论，2011，14（3）：15–25.

⑤ 尹苗苗，李秉泽，杨隽萍. 中国创业网络关系对新企业成长的影响研究［J］. 管理科学，2015，28（6）：27–38.

⑥ 朱福林，陶秋燕. 中小企业成长的社会网络关系研究——以北京市科技型中小企业调研数据为例［J］. 科学学研究，2014，32（10）：1539–1545.

第二节　技术创新能力理论

一、概念提出

传统的管理理论倾向于使用财务、市场收益手段测量竞争绩效，但在以开放式创新作为企业快速响应灵活复杂的市场需求的竞争手段后，创新能力作为衡量企业竞争能力的关键指标，逐渐成为国内外学者的主流分析范式。用"技术创新能力"作为关键词在中国知网搜索 1998 ~ 2021 年的 CSSCI 文献，可以得到 1104 篇文章，近年来有逐步增多的趋势。

学术界对企业创新能力概念内涵的演进经历了"能力—核心能力—吸收能力和动态能力—创新能力"的过程，从资源基础观、知识管理理论、组织学习理论角度解释推进了创新能力演进理论研究的深入，从动态视角分析创新能力的含义。

Burgelman 等较早提出创新能力的概念，认为企业创新能力是企业利用资源和分配支持企业创新战略的能力[①]。

魏江和许庆瑞认为，创新能力是产品创新能力和工艺创新能力两者耦合并由此决定的系统整体功能[②]。

不同学者对技术创新能力的认识有不同的看法，一般认为，技术创新能力应是企业资源不断积累的过程，通过渐进积累，企业可以获得充足的资源，从而实现技术创新能力的提升。企业技术创新能力也是一个不断学习的过程，通过内部学习积累获取可以相互交流和传递的内部知识，通过外部学习吸收获取可以共享知识，从而实现技术创新能力的提升。

企业技术创新能力与成长之间具有紧密联系。2000 ~ 2015 年，学者们关注两者之间的关系比较多，清华大学的高建提出，在科技起飞的

---

① Burgelman R A, Maidique M A, Wheelwright S C. Strategic management of technology and innovation [M]. New York：McGraw-Hill/Irwin, 1996.

② 魏江，许庆瑞.企业创新能力的概念、结构、度量与评价 [J].科学管理研究，1995 (5)：50-55.

大背景下，应加强技术创新能力发展研究①。自此开始，技术创新能力成为研究的热点，已有大量文献对技术创新能力做了系统的理论演进和实证研究。张军等基于419个实证样本分析企业创新能力对企业成长的正相关关系②。

企业创新能力的提升是企业边界内外共同作用的结果，不仅包括集成不同来源技术知识、管理制度、营销能力的提升，也包括内生性创造新知识的能力提升。已有众多学者研究了企业创新能力提升促进企业成长的案例，并进行实证，奠定了基于企业创新能力提升促进企业成长的理论基础，但对创新能力影响企业成长的机制、模式，以及创新能力提升与品牌进化之间的关联机制对企业成长的影响等问题研究较少。

二、技术创新理论演进

企业技术创新能力的概念起源于艾米顿的《知识经济的创新战略——智慧的觉醒》一书，认为技术创新能力是"创造和使用思想的能力、思想化为利润的能力"③。伴随着核心能力理论研究的深入，技术创新能力被看作构成核心能力的重要内容。

自20世纪90年代开始，国内对技术创新能力的研究逐步增多，顾国祥和李元旭④、傅家骥和程源⑤、陈劲等⑥、骆珣和张振伟⑦、秦德志等⑧、杜俊义和冯罡⑨等分别从技术创新能力的定义、构成、特点等方面展开

---

① 高建.科技起飞和中国企业技术创新能力的成长［J］.清华大学学报（哲学社会科学版），2000（3）：18–26+59.

② 张军，许庆瑞，张素平.知识积累、知识激活与创新能力关系研究［J］.中国管理科学，2014，22（10）：142–148.

③ ［美］戴·艾米顿.知识经济的创新战略——智慧的觉醒［M］.金周荣等译.北京：新华出版社，1998.

④ 顾国祥，李元旭.中国国有企业技术创新的能力分析［J］.财经研究，1993（8）：17–22.

⑤ 傅家骥，程源.知识创新与技术创新［J］.中国科技月报，1999（8）：3–5.

⑥ 陈劲，龚焱，雍灏.技术创新信息源新探：领先用户研究［J］.中国软科学，2001（1）：86–88+121.

⑦ 骆珣，张振伟.高新技术中小企业技术创新能力评价指标体系的构建［J］.现代管理科学，2007（9）：70–71.

⑧ 秦德智，赵德森，姚岚.企业文化、技术创新能力与企业成长——基于资源基础理论的视角［J］.学术探索，2015（7）：128–132.

⑨ 杜俊义，冯罡.技术创新动态能力理论研究综述［J］.科技管理研究，2020，40(6)：1–6.

分析，并利用多种方法联系实际开展研究，认为技术创新能力所体现的是一种变革方式，由感知和识别机会的能力、对环境的适应能力、对资源的整合创新能力构成。

对技术创新能力的测度与评价也是学术界研究的重点方向，王胜兰等从企业技术创新能力概念、特征着手分析了企业技术创新能力的方法。[①] 中国科技长发展战略研究院发布了《中国企业创新能力评价报告》，从创新投入能力、协同创新能力、知识产权能力和创新驱动能力四个方面构建了企业创新能力指标体系，为以后的研究提供了重要引导方向。

第三节　品牌进化理论综述

一、品牌进化的观念

品牌从产生到退出市场的演变过程类似于生态学意义的进化，我们称之为品牌进化。菲利浦·科特勒从产品生命周期角度认为，品牌像产品一样，会经历一个从出生、成长、成熟到最后衰退并消失的过程，在品牌的每一个生命周期中，品牌要素、企业创新能力、市场需求都起着关键作用 [②]。

西蒙通过对 7 个不同市场的 35 个品牌进行实证研究，提出品牌生命周期模型，确认了品牌演变的过程，品牌进化是品牌与其生态环境相互作用的演变过程，也是不断推动企业成长的过程 [③]。

在中国知网以 CSSCI 为目标期刊检索"品牌成长"关键词，共有33 篇文献将品牌成长定义为从小品牌或弱品牌成长为大品牌或强品牌的过程。众多研究主要应用案例和实证开展分析，取得了一些成果。品牌进化与品牌成长是相关联的两个概念，在品牌生态理论下，应用品牌

---

①　王胜兰，魏凤，牟乾辉.企业技术创新能力评价新方法的研究［J］.运筹与管理，2021，30（6）：198–204.

②　Kotler P. Behavioral models for analyzing buyers［J］. Journal of Marketing，1965，29（4）：37–45.

③　Simon H. Dynamics of price elasticity and brand life cycles：An empirical study［J］. Journal of Marketing Research，1979，16（4）：439–452.

进化的概念可以深入分析品牌进化的路径、模式,从生态视角分析与其他品牌之间的关系,是一种新的研究视角[①]。

学术界对品牌进化的研究大多是从品牌与企业成长角度开展的。

Ewing 认为,品牌灭亡是不可避免的,不一定是由管理无能造成的,这种死亡是一种自然现象[②]。

孙育平认为,品牌的成长有其自身的发展规律,既有沿着天赋基因传承的一面,也有在内外部环境发生变化后引发的基因变异而导致的品牌进化[③]。

周大庆基于湖南华天的案例论述了企业成长离不开战略调整和企业品牌进化[④]。

杨保军认为,品牌在进化过程中,基于消费者的信任促进了企业成长[⑤]。

马霖青等基于阿里巴巴的案例分析品牌与成长的关系具有较大的启发意义[⑥]。

综上所述,现有文献论证了品牌进化在市场上表现出差异化的特征、企业获取竞争优势的过程,以及品牌进化与企业成长的关系,但基于多元的社会网络嵌入推动品牌进化的影响因素、品牌进化对企业成长影响的机制、品牌进化与创新能力提升关联机制对企业成长的影响等问题还需要深入探讨。

二、品牌进化影响因素

在品牌生态和品牌演进理论基础上,品牌进化是品牌生态理论演进

---

① 杨保军,黄志斌.基于知识进化视角的技术创新与品牌进化耦合机制研究[J].自然辩证法研究,2014,30(12):30-35.

② Ewing M T. Integrated marketing communications measurement and evaluation[J].Journal of Marketing Communications,2009,15(2-3):103-117.

③ 孙育平.自主品牌的基因传承与进化[J].企业经济,2008(1):60-62.

④ 周大庆.企业战略成长与品牌构造研究:一个案例[J].管理现代化,2009(2):36-38.

⑤ 杨保军.基于甘宁青地区老字号的顾客品牌信任关系影响因素实证研究[J].兰州商学院学报,2014,30(6):115-120.

⑥ 马霖青,李飞,张语涵.企业购物狂欢节品牌的形成和成长机制——基于阿里巴巴"双十一"全球购物狂欢节的案例研究[J].管理案例研究与评论,2018,11(6):532-547.

的新方向[①②]，品牌进化可以从三个方面衡量。

（一）企业内部知识共享研究

企业内部知识共享问题起源于 20 世纪 50 年代的知识管理研究。

Hofer 指出，企业内部资源促进了企业技术能力的提升，进一步促进企业实现 OEM-ODM-OBM 升级发展[③]。

Weitz 与 Hofer 持一样的观点，认为企业内部拥有越多的资源，越能促进企业品牌进化[④]。

杨保军指出，企业内部管理和技术知识共享使得企业管理层了解顾客需求的变化和技术创新趋势，依靠企业长期积淀和传承的企业文化理念、管理制度、独特的技术或秘方在企业内部共享和扩散，不断提升企业管理水平和品牌运营能力，品牌获得了进化[⑤]。

（二）企业外部知识获取研究

在《奥斯陆手册》中，外部知识主要指外部技术知识，包括企业通常采取技术购买、技术联盟、技术并购等方式获取外部知识。

杨保军指出，企业不可能掌握所有促进企业品牌进化的知识，因此，需要对外部知识进行获取、利用与共享，以弥补自身的不足[⑥]，主要表现在与合作伙伴、竞争对手的合作与竞争，共同促进企业高效获取外界知识。企业外界知识的获取显著正向影响品牌进化。

（三）顾客品牌知识研究

学术界对品牌知识的认识有两个来源：一是学者 Brucks 等从认知心理学角度认为，顾客品牌知识是顾客记忆信息[⑦]；二是 Keller 基于品牌

① 杨保军，黄志斌.品牌进化理论研究文献综述及展望［J］.企业经济，2015，34（3）：10-15.

② 杨保军.知识管理、品牌进化与绩效的实证研究［J］.中国流通经济，2016，30（5）：62-71.

③ Hofer.Toward a contingency theory of business strategy［J］.Academy of Management Journal，1975，18（4）：7-14.

④ Weitz，Pardeep Bansal.Brand introduction strategies and compe titive environments［J］.Journal of Marketing Research，1990，27（4）：390-401.

⑤ 杨保军.企业内知识共享、品牌进化与营销绩效实证研究［J］.科技管理研究，2018，38（19）：159-164.

⑥ 杨保军.外部知识获取、品牌进化与营销绩效实证研究［J］.企业经济，2018（1）：44-50.

⑦ Brucks，Merrie，Brucks，Merrie. A typology of consumer knowledge content［J］.Advances in Consumer Research，1986（13）：7-14.

资产提出的品牌知识概念，认为品牌知识包括"品牌认知"和"品牌联想"，后来进一步认为品牌知识是"品牌综合"①②。这两个来源为学术界研究提供了重要的理论基础。

国内对顾客品牌知识研究的文献比较少，杨保军和黄志斌指出，顾客品牌知识是顾客基于兴趣和需要逐步搜寻的过程，是顾客在对企业历史文化的逐步认知中形成的，建立在顾客的知识结构及消费情景中，企业与顾客在特定情景的沟通和交流中实现了对品牌知识的认知③④。

三、网络嵌入与品牌进化关系

网络嵌入对品牌进化影响机制的逻辑起点主要包括网络嵌入中的结构、关系和认知嵌入三个维度，然而，不同类型的网络嵌入性对品牌进化的影响有所差异。

（一）关系嵌入与品牌进化关系

杨保军在实证研究中得出，关系嵌入与品牌进化具有显著影响。企业与供应商、用户、同行或者其他服务机构有稳固的合作关系，通过交流产品及获取技术创新知识、获得市场信息、获得行业技术发展的新信息、建立合作和互相信赖都可以促进其品牌的进化⑤。

张强在实证研究中分析了关系嵌入与品牌价值之间的关系，认为关系嵌入基于信任提升了消费者认同，从而提升了品牌价值⑥。关系嵌入可以帮助现有产品实现进一步升级和新产品的推出，有利于企业的品牌

---

① Keller K L.Conceptualizing, measuring and managing customer-based brand equity [J].Journal of Marketing, 1993（1）: 7-14.

② Keller, Kevin Lane.Brand Synthesis: The multidimensionality of brand knowledge [J].Journal of Consumer Research, 2003, 29（4）: 7-14.

③ 杨保军，黄志斌.品牌进化理论研究文献综述及展望 [J].企业经济，2015, 34（3）: 10-15.

④ 杨保军.基于甘宁青地区老字号的顾客品牌知识生成路径研究 [J].北方民族大学学报（哲学社会科学版），2017（3）: 137-141.

⑤ 杨保军.网络嵌入、双元能力与老字号企业成长绩效研究 [J].北方民族大学学报，2020（4）: 56-62.

⑥ 张强.网络嵌入、社会责任与品牌价值——基于制造业企业经验数据的实证研究 [J].山东社会科学，2018（7）: 158-164.

进化、品牌理念和品牌形象等。

（二）结构嵌入与品牌进化关系

杨保军在实证研究中利用统计分析软件对模型进行估计，得出结构嵌入对品牌进化的影响不显著的结论[①]。

张强在实证研究中得出，结构嵌入与品牌价值之间具有积极的线性关系。而且当企业在利益相关者网络中的中心度较高或占据结构洞的位置时，其能够凭借信息优势通过改善产品功能或其他技术创新活动来推升品牌价值。因此，当企业涉及的利益相关者在网络中的中心度不够高时，企业不能通过有效的信息化手段来改进产品和技术，进而不能促进品牌进化[②]。

（三）认知嵌入与品牌进化关系

认知嵌入反映消费者基于自身对企业社会网络的了解。杨保军认为，认知嵌入对品牌进化的影响不显著[③]。

张强在实证研究中得出，认知嵌入对品牌价值具有积极作用，并指出"认知嵌入越高，企业与消费者、供应商等利益相关者之间的价值与愿景共享程度越高，且彼此间高效的正式与非正式沟通机制降低了交易成本，进而在提高企业合法性和利益相关者认同感的基础上，提升企业品牌价值"。因此，当企业与利益相关者之间没有形成利益共同体，企业文化认同度低、意愿共享度低时，也不利于企业的品牌进化[④]。

第四节　吸收能力理论

一、吸收能力的定义

自 1990 年以来，吸收能力在经济、商业、知识管理、人力资源、

①③　杨保军. 网络嵌入、双元能力与老字号企业成长绩效研究［J］. 北方民族大学学报，2020（4）：56–62.

②④　张强. 网络嵌入、社会责任与品牌价值——基于制造业企业经验数据的实证研究［J］. 山东社会科学，2018（7）：158–164.

智力资本、运营管理、市场营销等领域得到了广泛应用①。

吸收能力的定义为"企业已有知识赋予其识别并评价新知识的价值、吸收并消化外部新知识、进而应用于商业化的能力"②。

邢源源等认为，吸收能力包含知识获取能力、吸纳能力、转化能力和应用能力四个维度③。

吸收能力对企业绩效有重要影响，一直有学者从不同角度定义吸收能力的概念及内涵。本书梳理了中外学者对吸收能力的定义，当代学者对吸收能力的定义（见表 2-1），彰显了吸收能力的重要性。

表 2-1　当代学者对吸收能力的定义

来源	吸收能力的定义
Cohen 和 Levinthal（1994）	吸收能力既有识别、消化和应用商业化的能力，又有预测产业技术机会的能力，强调研发投入能提高企业的吸收能力，还能鉴别出未来技术发展机会④
Mowery 和 Oxley（1995）	吸收能力就是指国内企业可以使国外企业知识中不易发现的、能够提高技术水平的知识内化成有利于自己运用的能力⑤
Kim（1998）	吸收能力理解为学习能力和解决问题的能力⑥
Lane 和 Lubatkin（1998）	吸收能力即企业理解、掌握和整合新知识、实现企业目标的能力⑦

① Gunawan，P Gerardus，B J Tji，K Richard. The use of absorptive capacity in improving the New Product Development（NPD）[J]. Journal of Physics：Conference Series，2017，801（1）：7-14.

② Cohen W M. Levinthal，D. A. Absorptive capacity：A new perspective on learning and innovation [J] Admin. Sci. Quart. 1990，35（1）：128-152.

③ 邢源源，牛晓晨，李钊. 科恩与利文索尔关于吸收能力理论研究的贡献——科睿唯安"引文桂冠"经济学奖得主学术贡献评介 [J]. 经济学动态，2020（6）：148-160.

④ Cohen W. M.，Levinthal，D. A. Fortune Favors the Prepared Firm [J]. Management Science，1994，40（2）：227-251.

⑤ Mowery D C，Oxley J E. Inward Technology Transfer and Competitiveness：The Role of National Innovation Systems [J]. Cambridge Journal of Economics，1995，19（1）：67-93.

⑥ Kim L. Crisis Construction and Organizational Learning：Capability Building in Catching-upat Hyundai Motor [J]. Organization Science，1998（9）：506-521.

⑦ Lane P J，Lubatkin M. Relative Absorptive Capacity and Interor ganizational Learning [J]. Strategic Management Journal，1998，19（2）：461-477.

续表

来源	吸收能力的定义
Zahra 和 Gerard（2002）	吸收能力定义为企业获取、吸纳、转化具有潜在利用价值的外部知识，并进行内部和外部知识融合、创造新知识、商业化运用的组织贯彻和流程[①]
王雎（2007）	吸收能力是组织自身吸收能力与组织间关系的函数[②]
Lichtenthaler（2010）	吸收能力是企业区分、内化并应用于组织学习、创新和商业活动的能力[③]
Patterson 和 Ambrosini（2015）	吸收能力指企业运用内部资源进行搜索、获取、吸收、转化和应用外部资源创造企业资源，提高企业创新的能力[④]
王宛秋和张潇天（2019）	现实吸收能力指并购整合中对新知识的转化和利用，增加研发资金投入有利于提高外部知识的吸纳和转化[⑤]

资料来源：笔者根据相关文献资料整理。

参考上述学者的观点，本书认为，吸收能力指企业在自身所拥有的知识基础上，通过识别、吸纳和应用外部知识，整合内外部知识形成新的知识，促进企业创新发展，创造更多有用价值的一种能力。本书将企业整个吸收过程划分为三个过程，即识别、吸纳和应用，这三个过程对应的能力融合形成吸收能力。识别能力指企业搜索、定位和获取目标资源的能力；吸纳能力指企业通过识别并吸入采纳所需资源进行分析和理解的能力；应用能力指企业通过吸纳外部资源结合自身已有资源进行创新应用的能力。

二、吸收能力的中介影响

中外学者研究吸收能力对企业绩效的影响方兴未艾，大多数学者在

---

⑧ Shaker A. Zahra, Gerard George. Absorptive capacity: A review, reconceptualization, and extension [J]. The Academy of Management Review, 2002（2）：7–14.

⑨ 王雎. 吸收能力的研究现状与重新定位 [J]. 外国经济与管理, 2007（7）：1–8.

⑩ Lichtenthaler F W. Nitromethan–Kondensation mit Dialdehyden, I. Synthese von 2–Amino–cyclohex an–diolen–（1.3）[J]. European Journal of Inorganic Chemistry, 2010, 96（3）：845–853.

⑪ Patterson W, Ambrosini V. Configuring absorptive capacity as a key process for research intensive firms [J]. Technovation, 2015（36–37）：77–89.

⑫ 王宛秋, 张潇天. 谁更易在跨界技术并购中获益？[J]. 科学学研究, 2019, 37（5）：898–908.

研究各因素对企业绩效的影响时，常引用吸收能力作为中介调节变量。潜在吸收能力和现实吸收能力在企业文化强度与并购创新绩效关系中起着中介作用[①②]。吸收能力有积极调节创新绩效的能力，起到中介调节作用[③④⑤]。除此之外，本书还梳理了其他学者关于吸收能力的中介调节效应影响的观点，如表 2-2 所示。

表 2-2　学者关于吸收能力的中介调节效应影响的观点

来源	主要观点
周飞和沙振权（2012）	吸收能力是影响新产品开发绩效的重要因素，吸收能力在新产品开发绩效中起中介效应[⑥]
路娟等（2017）	吸收能力源于认知能力与消化能力两个典型维度，它对创新绩效与经济增长之间的关系起着重要的调节作用[⑦]
庞博等（2019）	吸收能力部分中介联盟组合管理能力与企业创新绩效的关系[⑧]
周锋等（2021）	吸收能力分别在基础和核心质量管理实践、创新绩效之间起到部分中介作用[⑨]
陈玉萍等（2020）	研发国际化的广度和强度与企业创新绩效均存在"倒 U 型"关系，而吸收能力显著调节了企业研发国际化广度、强度与企业创新绩效间的关系，即吸收能力具有中介调节作用[⑩]

资料来源：笔者根据相关文献资料整理。

---

① 张晓芬，刘强. 外部知识源化战略、吸收能力对突破性创新绩效的影响 [J]. 首都经济贸易大学学报，2017，19（6）：63-69.

② 王维，李璐璐，李宏扬. 新一代信息技术企业文化强度、吸收能力与并购创新绩效的关系研究 [J]. 软科学：2021（1）1-10.

③ 郭淑芬，郭金花，李晓琪. 合作创新质量、知识吸收能力与企业创新绩效——基于太原高新区科技型中小企业的实证研究 [J]. 南京工业大学学报（社会科学版），2017，16（3）：89-99.

④ 李子彪，王楠，孙可远. 国际化行为对高新技术企业创新绩效的影响机理——基于吸收能力的中介效应 [J]. 科技管理研究，2019，39（8）：1-8.

⑤ 邢乐斌，任春雪，曾琼. 开放度组合策略与创新绩效类型匹配关系研究——吸收能力的调节效应 [J/OL]. 科技进步与对策：2021（8）：14.

⑥ 周飞，沙振权. 吸收能力与新产品开发绩效关系研究 [J]. 财经论丛，2012（5）：91-96.

⑦ 路娟，张勇，朱俊杰. 吸收能力对区域创新绩效与经济增长的调节效应研究 [J]. 宏观经济研究，2017（9）：107-118.

⑧ 庞博，邵云飞，王思梦. 联盟组合管理能力与企业创新绩效：吸收能力的中介效应 [J]. 管理工程学报，2019，33（2）：28-35.

⑨ 周锋，顾晓敏，韩慧媛，何建佳. 质量管理实践、吸收能力与创新绩效——基于船舶企业智能制造视角 [J]. 科技进步与对策：2021（9）：14.

⑩ 陈玉萍，高强，谢家平. 研发国际化与企业创新绩效：吸收能力的调节作用 [J]. 上海对外经贸大学学报，2020，27（6）：113-122.

综上所述，吸收能力在各领域中，对企业绩效有中介调节作用。基于企业自身的知识体系，在影响企业绩效的其他因素和企业绩效之间加入吸收能力这一中介调节变量，进而影响企业绩效。

Paul 等认为，吸收能力的四个组成部分（研发能力、产品开发能力、合作嵌入性和竞争嵌入性）与三种产品开发策略成功率之间具有关联[①]。

Juliana 等认为，管理者投资于公司的吸收能力和营销能力，以使自己与竞争对手脱颖而出，提高业绩[②]。

Haishan 等发现，团队吸收能力与产品创新之间存在显著的正相关关系，能够促进创新绩效发展[③]。

戴勇等认为，知识吸收能力对企业创新绩效的影响呈正相关关系[④]。

除此之外，本书还梳理了中外学者关于吸收能力对企业绩效的正向影响和其他相关影响的主要观点，如表 2-3 所示。

表 2-3　中外学者关于吸收能力对企业绩效的影响的主要观点

来源	主要观点
Wenpin Tsai（2001）	吸收能力和网络地位两者之间的相互影响对企业创新和绩效有显著正面影响[⑤]
王炳成等（2017）	知识获取能力、消化能力、转化能力和应用能力均与创新绩效呈显著正相关，且相关性依次为知识应用能力、转化能力、获取能力和消化能力[⑥]

① Paul F. Skilton, Ednilson Bernardes, Mei Li, Steven A. Creek. The structure of absorptive capacity in three product development strategies [J]. Journal of Supply Chain Management, 2020, 56（3）: 7-14.

② Juliana Conceição Noschang da Costa, Shirlei Miranda Camargo, Ana Maria Machado Toaldo, Simone Regina Didonet. The role of marketing capabilities, absorptive capacity, and innovation performance [J]. Marketing Intelligence & Planning, 2018, 36（4）: 7-14.

③ Haishan Liang, Wei Sun, M.M. Fonseka, Feng Zhou. Goal orientations, absorptive capacity, and NPD team performance: Evidence from China [J]. Chinese Management Studies, 2019, 13（2）: 7-14.

④ 戴勇, 朱桂龙, 刘荣芳. 集群网络结构与技术创新绩效关系研究: 吸收能力是中介变量吗? [J]. 科技进步与对策, 2018, 35（9）: 16-22.

⑤ Wenpin Tsai. Knowledge transfer in intraorganizational networks: Effects of network position and absorptive capacity on business unit innovation and performance [J]. The Academy of Management Journal, 2001, 44（5）: 7-14.

⑥ 王炳成, 廉贞霞, 姜爱萍. 基于 Meta 分析的吸收能力与创新绩效关系研究 [J]. 技术与创新管理, 2017, 38（3）: 248-255.

续表

来源	主要观点
朱俊杰和徐承红（2017）	吸收能力和区域内创新绩效的关系体现出非线性特征[①]
魏凡等（2017）	吸收能力负向影响投资速度与母公司生产率间的"倒 U 型"关系[②]
张莉侠等（2018）	采用外部技术及引进技术吸收能力对企业创新绩效的影响均为正相关[③]
向丽和胡珑瑛（2018）	吸收能力在 R&D 外包与企业经营绩效的关系中发挥着正向调节作用，且吸收能力的高低直接影响 R&D 外包对经营绩效边际量的大小[④]

资料来源：笔者根据相关文献资料整理。

　　综上所述，吸收能力在各因素影响企业绩效中起到正向调节影响，特别是对企业的创新绩效有积极影响。另外也有学者发现，吸收能力对企业绩效呈现非正向影响关系，如倒"U"形关系和非线性关系。但在上述研究中，国内外学者的研究主要集中在吸收能力对企业创新绩效的影响，而对企业绩效其他方面的研究较少。

　　老字号成长问题是一个复杂问题，本书分别从技术创新能力、品牌进化的新视角梳理相关理论文献，为进一步实证研究奠定了基础。德鲁克认为，企业的基本职能是营销与创新。在企业成长过程中，离不开营销战略与策略的制定，品牌的建造与品牌建设，更离不开企业技术创新。因此，在经典文献和最新文献中挖掘促进企业成长的理论基础，能推进本书的研究。

　　① 朱俊杰，徐承红.区域创新绩效提升的门槛效应——基于吸收能力视角［J］.财经科学，2017（7）：116-128.

　　② 魏凡，黄远浙，钟昌标.对外直接投资速度与母公司绩效：基于吸收能力视角分析［J］.世界经济研究，2017（12）：94-103+134.

　　③ 张莉侠，吕国庆，贾磊.技术引进、技术吸收能力与创新绩效——基于上海农业企业的实证分析［J］.农业技术经济，2018（9）：80-87.

　　④ 向丽，胡珑瑛.R&D 外包对企业经营绩效的影响：吸收能力的调节作用［J］.工业工程与管理，2018，23（1）：115-121.

第三章　协同进化与老字号成长

> 没有人能够左右变化，唯有走在变化之前。
>
> ——彼得·德鲁克

【本章导读】2016 年，著名老字号企业王老吉为深耕北方市场，与北京另一家老字号企业华天饮食集团签署老字号协同发展战略协议，推进双方企业实现线上线下的渠道共享、资源共享，做到共生互联、协同发展。协同是现代管理理论中的重要理论，企业通过协同共享资源实现进化是企业经营重要的发展方向。对于大多数处于现代竞争市场中的企业来说，研究协同的性质、协同模式、协同路径，分析协同机理对企业进一步发展壮大具有重要价值。本章从协同进化的文献视角展开研究。

随着互联网技术高速发展和科学技术的进步，现代产品的生命周期越来越短，企业对技术开发的难度加深，投入资金的规模不断增加，市场经济竞争越来越激烈。然而，市场上激烈的竞争倒逼企业希望与其他企业通过一些合作来增强自身的竞争实力，如企业合并，进而实现协同进化，在竞争中占据优势。企业置身于商业环境中，不是孤立地发展，常常受到来自周边环境和其他企业的影响，在此环境中，部分企业的进化可能会导致其他企业的改变。相互影响的两家或多家企业进化，逐步形成了一个相互作用的协同进化系统。为进一步厘清企业协同进化理论，本章将企业协同进化的概念、内涵及其特征进行梳理，以便于将其理论知识更好地应用到实践中，为企业的协同发展提供理论指导。

第一节 企业协同进化的内涵与特征分析

一、企业协同进化的概念界定

协同进化理论最早源自于生物进化。

哈肯从协同学的角度提出了"协同"的思想，即系统内部各部分通过相互协作，使系统整体上具备了部分不存在的结构和特征①。

Janzen 将"协同进化"的概念解释为 A 类生物物种性状的反应导致 B 类生物物种性状进化，而后 B 类生物性状本身又会因对 A 类生物性状的反应而进化②。

王立志和韩福荣从物种进化相互影响的角度提出协同进化是指整个系统在内部个体相互影响下整体进化③。

王德利和高莹认为，协同进化是指相互影响的两个物种在进化过程中共同进化，物种之间既相互竞争、相互制约，又相互协同进化④。

王一飞和孙立梅认为，企业协同进化是指企业之间通过各种信息资源共享与技术交流，实现彼此互惠共享来促进发展⑤。

于超和朱瑾将协同进化定义为：各企业主体进行着信息资源共享和知识技术传递，围绕企业发展过程，提供相互支持的人力、物力等构成的以共同创造价值为目的，在网络结构下有序的共生性、进化性的相互作用过程。企业与其他合作伙伴相互作用、共同影响，在协同进化的同时产生协同效应⑥。

白列湖认为，协同效应是指企业之间协同进化产生的效应⑦。

王举颖和赵全超认为，集群环境下企业的协同进化是指集群系统中

---

① 赫尔曼·哈肯.协同学：大自然构成的奥秘 [M]. 凌复华译，上海：译文出版社，2005.
② Janzen D H. When is it coevolution? [J]. Evolution, 1980（34）：611–612.
③ 王立志，韩福荣.企业间的协同进化分析 [J].科技管理研究，2003（2）：19–21.
④ 王德利，高莹.竞争进化与协同进化 [J].生态学杂志，2005（10）：1182–1186.
⑤ 王一飞，孙立梅.基于知识转移的企业协同进化研究 [J].科技进步与对策，2010，27（24）：123–127.
⑥ 于超，朱瑾.协同进化的实现：从知识共享、资源拼凑到社群新稳态——基于五大在线社群的经验分析 [J].中国科技论坛，2018，4（7）：124–135.
⑦ 白列湖.协同论与管理协同理论 [J].甘肃社会科学，2007，4（5）：228–230.

一个或多个企业因其他企业的进化而进化以此来适应环境的变化，同时其他企业也因这种进化而得到进化，最终引起整个集群系统走向更有序的进化现象[①]。集群环境下企业的协同进化机制可以划分为两种：一是企业之间的竞争协同进化，主要指企业之间相互竞争与合作关系；二是企业与环境之间的自我组织协同进化，主要指企业在环境变化时进行的自我适应进化。

综上所述，协同进化是企业通过对自身的进化，与其他企业既竞争又相互合作，以增强企业自身实力，同时企业自身的进化又会影响到其他企业进化的过程。协同进化反映产业体系内企业之间协作竞争的过程。

二、企业协同进化的内涵

王立志和韩福荣（2003）指出：物种相互之间竞争合作关系是一种协同进化模式，协同进化能够维护整个系统的稳定和协调；一个企业的进化可能会影响作用于其他企业的选择压力，从而引起其他企业的适应性进化，而这将会导致相关企业进一步变化。因此，企业之间的进化往往是相互影响的，形成了一个相互作用的协同进化系统。企业协同进化的关键是企业本身的进化，是一个从简单到复杂、从低端到高端的不断上升的过程。

王一飞和孙立梅（2010）认为，基于知识转移协同进化是指相互合作的企业用知识转移的方式，达到资源共享与利用的目的，进一步促进合作企业之间良性互动，以实现企业协同发展为最终目的的过程。这一解释包含了两层内涵：第一层是协作，企业为了获取自身发展所需要的知识，选择与企业实力相当或者比自己实力更强大的竞争企业进行合作，通过知识转移、整合和内化，从而建立企业竞争优势，实现合作企业之间相互协作与共同受益。第二层是竞争，同行业的业务范围或生产的产品有一定的相似性，企业为了生存和占据市场，企业之间必然会相互竞争和相互制约。

王举颖和赵全超认为协同效应的放大是企业协同进化的外在表现，协同效应反映了企业发展系统与企业集群系统之间的相互作用，进而完

---

① 王举颖，赵全超.集群环境下科技型中小企业协同进化研究［J］.中国科技论坛，2009，4（9）：58–62.

成整合的有序程度和协作紧密程度，这种有序程度和协作紧密程度可称为协同度。协同度表示企业系统内企业各子系统与企业集群环境各子系统之间在发展进化过程中两者达到和谐的程度。

刘洁和梁嘉骅认为，企业和消费者的双向选择产生了企业与消费者之间的协同效应，互联网技术的快速发展，消费者获得所需产品更便捷，速度更快，导致消费者相较以前更容易比较不同产品的特性、价格和质量，扩大了消费者选择产品的范围。为了满足消费者更多的需求，企业加大创新研发能力，生产更多不同的高质量产品，赢得更多消费者的青睐，从而增强了企业与消费者之间的协同效应；企业与企业之间相互催化作用产生了协同效应。相互催化作用是企业组织之间争夺资源或者是资源与能力的互补作用，企业各自发展所产生的催化作用，包括竞争和合作相互催化作用[①]。

综上所述，企业协同进化的内涵在其概念上进行了延伸，更广泛地应用到不同领域。企业的协同进化既包括企业内部的进化，也包括外部企业间的进化过程。协同进化产生的协同效应反映了企业之间共同协作所产生的效果，一般可以优于企业各自单独发展的效果。

三、企业协同进化的特征

王立志（2003）指出，企业协同进化具有以下特征：

第一，协同进化是企业之间通过合作的方式促进协同发展。企业通过协同进化能够推动企业内部结构优化和节约产品的生产成本。协同进化促进企业合作，从而使企业规模与实力能够做强做大，同时促进相互合作的两个或者多个企业组织协同发展。

第二，协同进化能避免竞争市场出现劣币驱逐良币的现象。

第三，竞争在协同进化中具有重要影响。协同进化中的竞争也是合作中的竞争，企业通过协同进化加强合作，可以增加与合作企业在非合作领域的竞争能力和双方所在市场的竞争能力。合作中的竞争同时也是企业核心竞争力的竞争，核心竞争力表现为企业的整体关键能力，不仅表现为管理能力、技术能力，还表现为一种相互依存、不断创新的制度

---

① 刘洁，梁嘉骅. 初始领先优势和协同效应对企业竞争的影响研究 [J]. 华东经济管理，2012，26（9）：105–108.

化的知识体系。

王举颖和赵全超（2009）认为，企业协同进化特征如下：一是企业进化是企业在适应环境变化中产生的进化行为；二是企业通过自我调节机制，积极适应环境的变化，主动与环境良性、协调发展的协同进化过程。

王一飞和孙立梅（2010）将企业协同进化过程划分为三个阶段：①企业间协同；②企业内部协同；③企业协同进化。协同过程中既存在合作也存在竞争，合作与竞争相辅相成。企业内部通过各知识系统进行交流与合作，对不同的知识进行融合与重新应用，产生相互影响、相互受益的协同效应，进而实现企业协同进化。企业间通过知识转移的方式实现彼此协同进化，知识转移与融合形成新的知识竞争，这可能会破坏现有的协同状态。协同进化需要对新知识进行创新应用，塑造属于自己的独特竞争优势，获得自己的专属空间。企业在获取知识的竞争与合作中不断转化，以实现企业协同进化。王慧认为，企业与产业集群实现协同进化是集群内部和外部环境的共同协作[①]。

综上所述，企业协同进化的特征主要体现如下：

一是企业通过合作促进企业协同进化，企业与其他企业进行合作，增强自身的竞争力，提高企业协同进化速度。

二是企业协同进化不排除企业间的竞争，在竞争的压力下，企业才可能有创新的动力，进而促进企业进化。

三是企业在竞争与合作相互转换中实现企业协同进化，竞争与合作相辅相成、互惠共赢，既矛盾又统一，两者缺一不可。

第二节　企业协同进化的动因分析

一、技术创新是促进企业协同进化的内在驱动力

在开放创新的背景下，企业技术创新的复杂性和融合性越来越突出，协同创新逐渐成为企业生存和发展的必然选择。

---

① 王慧. 促进企业和产业集群协同进化的对策建议 [J]. 企业改革与管理，2019，4（11）：206-207.

解学梅和刘丝雨的实证研究表明，战略联盟模式、专利合作模式、研发外包模式、要素转移模式均与企业创新绩效和企业协同效应正相关，协同效应在中小企业协同创新模式与创新绩效关系中具有显著的中介效应[①]。

王文华等通过实证研究得出，开放式创新组织间协同管理3个维度对知识协同效应两个维度均具有显著正向影响作用，进一步分析发现，组织间技术协同对效率性知识协同效应作用最大，组织间组织协同对增长性知识协同效应作用最大[②]。

何郁冰等基于知识协同角度，探讨企业从内部和外部开展技术多元化战略如何影响组织间知识协同，进而作用于创新持续性。研究结果表明，内部和外部技术多元化均对企业创新持续性有显著的正向影响；知识协同的不同维度在技术多元化与企业创新持续性之间的关系中起到部分中介作用；协调整合能力对外部技术多元化与企业创新持续性之间的关系有显著的正向调节效应[③]。

二、品牌进化为企业协同进化提供营销动力

品牌与企业协同进化的关系在较早的文献中主要是品牌生态理论。伴随着对企业集群现象的研究，国内学者将目光集中在集群企业通过协同而促进品牌发展。

陆鹏飞和贺红权通过构建集群企业生态位宽度模型和工业产业集群品牌与外部环境协同进化模型，对工业产业集群品牌生态系统的企业间和企业与环境的协同演化机理进行了研究，最后提出包括管理机制、创新机制、整合机制和保障机制在内的四个运行机制，以促进工业产业集群品牌生态系统良好运行[④]。

---

① 解学梅，刘丝雨.协同创新模式对协同效应与创新绩效的影响机理［J］.管理科学，2015，28（2）：27-39.
② 王文华，张卓，蔡瑞林.开放式创新组织间协同管理影响知识协同效应研究［J］.研究与发展管理，2018，30（5）：38-48.
③ 何郁冰，邹雅颖，左霖锋.技术多元化、组织间知识协同与企业创新持续性的关系［J］.技术经济，2021，40（6）：47-58.
④ 陆鹏飞，贺红权.工业产业集群品牌生态系统协同机理及运行机制研究［J］.工业技术经济，2016，35（11）：102-108.

陆瑶和徐利新将集群品牌系统从微系统到宏系统分成四个层次，阐述了集群品牌与嵌入企业品牌的协同进化关系，较好地分析了企业品牌在集群系统相互关系[①]。

曹文豪和唐娣芬提出，在企业前进的过程中，要整合企业品牌生态建设中的各种要素，为实现全面发展，要突出企业内生动力，建立和谐的团队合作机制。品牌进化推动了企业之间的协同进化[②]。

三、竞争关系是促进企业协同进化的外部力量

对于企业来说，没有竞争对手就意味着无法发展，企业的许多战略改革行为都是对竞争对手行为的一种回应。同时，企业的行为也会反过来影响竞争对手的行为。一方面，具有相同业务的企业彼此竞争，促使企业在协作与竞争中合理博弈和调整改进，使得企业间的自身进化相互影响和促进；另一方面，竞争优势的获得依赖于相互合作，在竞争过于激烈的领域合作，或者在自身实力相对较弱的领域合作，通过人员流动、技术创新、项目合作等多方面的合作，加强企业与外界的交流。在集群环境下，企业应与客户、中介服务机构、同行企业，甚至竞争对手间形成互利共赢的合作社区，从追求"单赢"的纯粹竞争逐渐演变到追求"共赢"的局面。高晶等运用演化博弈理论的方法分析了价值网络模式下企业的协同竞争机制，构建了企业主体间协同竞争的演化博弈模型，并指出价值网络模式下企业协同竞争行为的博弈过程及特点。由此揭示出系统的初始状态、发展阶段及利益分配机制对演化博弈过程的影响机理，从而有助于提高企业在价值网络中的行为决策能力，对增强企业的市场竞争能力具有一定的指导价值[③]。

李峰在 Lotka 和 Volterra 提出的中间竞争模型基础上，通过对集群内企业竞争、合作模型的建立与分析得出以下结论：集群内企业间的竞争越小越有利于共存，且只有 2 家企业各自在拥挤容忍度或竞争强度中

　①　陆瑶，徐利新 . 个体嵌入品牌与产业集群品牌协同演化研究［J］. 科技进步与对策，2013，30（7）：72–77.

　②　曹文豪，唐娣芬 . 数字智能化对企业品牌生态建构的路径探析［J］. 中国商论，2021（10）：61–63.

　③　高晶，关涛，王雅林 . 价值网络中企业协同竞争机制的演化博弈分析［J］. 哈尔滨工程大学学报，2007（10）：1176–1181.

某一方面占有优势才有可能共存 ①。

在我国，企业协同进化的理论和战略研究尚不完备，未来还应积极采用先进的研究工具，构建企业协同进化的程度和速度、企业协同进化的路径依赖以及进化机制的度量指标体系。同时，还应对演化规律等问题进行实证和模拟分析，并结合中国的特殊情况，比较研究中外企业在商业生态环境中演化的不同特点，为中国企业不断发展和参与国际竞争寻求并提供合适的理论依据。

第三节　企业协同进化机制分析

协同指一个组织各要素之间的互动与合作，以这种方式获得总体效果大于单独作用这些因素之和，即实现"1+1 > 2"的效果。协同进化是把企业中各种生产要素进行整合，实现其磨合的最有效机制，为企业的成长服务。

Cliff 和 Miller 提出，广义上的协同进化是指生物与生物、生物与环境之间在发展、进化的过程中相互依存的关系。企业生态系统的发展过程类似于自然界中的协同进化现象，企业与环境也是相互作用和相互影响的 ②。

曹利军和黄泳在企业与环境的关系中提出两种观点："适应"与"选择"。"适应"意味着企业能够利用自身的能力来解决它们面临的问题；"选择"意味着一个企业的成功与否取决于其所处环境和企业战略的结果 ③。

根据上述文献，本章总结出企业协同进化的两个机制：自然选择和管理选择。自然选择是将企业放在一个更广泛的环境背景中，把企业的变异、选择和保持看成环境作用的结果；管理选择指通过对企业内外部管理，对企业的变异、选择和保持加以引导。

---

① 李峰．科技企业集群内竞争与合作模型研究［J］.武汉理工大学学报，2009，31(14)：161-164.

② Dave Cliff, Geoffrey F. Miller. Co-evolution of pursuit and evasion Ⅱ：Simulation methods and results［M］. Cambridge, MA：MIT Press, 1995.

③ 曹利军，黄泳．企业生态系统进化模型与进化机理研究［J］.企业经济，2012，31(3)：56-59.

一、自然选择

（一）企业对环境的适应

企业对环境的适应，本质上是企业为适应环境变化而做出的反应，是一种自我调节机制。

张青山等认为，它应具备两个功能：一是企业与环境间动态平衡的自动调整，称为调序功能；二是企业内部相对平衡的自动维护功能，称为保序功能。前者的作用在于根据环境条件的变化，调整企业的内部结构和秩序，保持企业目标、职能、结构等和环境达到动态的平衡与协调；后者的作用在于维护企业内部已建立起的关系和秩序，从而使得企业的结构和职能保持相对的平衡和稳定[①]。

杨秀芝和李柏洲认为，在具体过程中，保序功能能够保护企业自身免受外部环境和内部条件变化的过度影响，使企业能够在更稳定、更正常的环境条件下生存。然而，企业的发展和企业对不稳定、非正常环境的适应能力取决于其调序功能。对于企业来说，生存和发展缺一不可。这是因为，当环境变化的影响达到了企业感知反应的临界值时，如果只是一味地维持保序功能而缺少调序功能，将使得企业无法做出必要的应变或在调序过程中出现严重的错误，导致企业的生存受到企业与环境不兼容的威胁；相反地，即使有调序功能和成功的调整过程，但没有企业的保序功能，或者保序功能缺乏在新环境下随机应变的能力，也很难保证企业的生存和发展。为了能保证企业持续成长的"食物"来源，企业必须密切关注需求市场的变化，把握需求市场，与需求市场协同进化[②]。

王宇露认为，在与需求市场的协同进化中，企业应把握好需求市场的全面发展；深入分析生存环境中需求市场的个性化需求和创新产品；增加授权并快速响应需求[③]。

（二）环境对企业的选择

企业在发展过程中，总是面临着环境选择的压力，如国家政策、法

---

① 张青山等. 企业系统：柔性、敏捷性、自适应［M］. 北京：中国经济出版社，2004.

② 杨秀芝，李柏洲. 企业适应能力的内涵及其提升对策研究［J］. 管理世界，2007（4）：7-9.

③ 王宇露. 企业生境优化的生态对策探讨［J］. 商业时代，2007，4（34）：35+41.

律法规、商业环境、地域文化差异等压力，这些压力主要来自市场的选择。伴随着科技的进步，产品升级更新加快、消费结构发生变化，消费需求呈现出多样化的特征。与此同时，高科技产品因其高昂的"学习成本"对消费者产生"锁定"效应，导致企业进行新产品开发的"时间竞争"加剧。

王娟等从营商环境的"门槛效应"角度分析了对企业家精神与企业全要素生产率的影响[①]。例如，比基尼泳装出现在 20 世纪 40 年代，刚一面世就饱受非议，被认为伤风败俗。但在 20 世纪 60 年代，随着社会的发展，比基尼泳装迅速取代了连体泳装，成为女性时尚的象征。可见，随着创新产品投放市场后，新产品被市场选择需要一个过程，因为它给人们的思维甚至生活方式带来了改变。再如，把橡皮与铅笔结合起来的橡皮铅笔，由于其成本低廉、使用方便、实用性强且无根本性的变化，所以很快被市场接受。当新产品投放市场后，需要经过消费者的挑选。新产品在价格、功能、文化等方面是否满足社会需求，如果被消费者选择和接受，这些被接受的产品会通过大量的扩散和复制，逐渐成为优质品种；否则将被淘汰。

胡伟指出，随着新的技术、新工艺、新的营销方式、新的组织方式等在行业内和产业间出现，并经过一段时间的选择，适应环境的企业被保留下来，企业在这一过程中逐渐发展起来，企业得到了进化[②]。

二、管理选择

Hannan 和 Freeman 认为，企业内部存在政治均衡势力，当一个企业试图改变其组织结构和重新分配资源以适应环境变化时，均衡势力将干扰企业的这种改变。因此，企业在进化过程中需要内部子单位的协同[③]。

胡伟较早提出管理选择机制与企业协同进化的关系，认为企业高层

① 王娟，刘伟，朱卫未.企业家精神、营商环境与全要素生产率［J］.统计与决策，2021（19）：166–171.

② 胡伟.企业协同进化发展模式研究［J］.江苏商论，2007（4）：112–113.

③ Hannan，Freeman. Structural inertia and organizational change［J］. Amer. Sociological Rev，1984，（2）：7–14.

管理的职能是不断地整合企业能力以适应不断变化的环境①。

王举颖认为，通过企业相互间的竞争与合作，企业互相驱使对方提高效率和竞争力，实现生态位的协同进化②。

由于企业生态位上的压缩、扩展、移动和重叠程度不同，根据竞争规律，将每个企业划分在整个产业链的不同节点上。一方面，企业与具有相同业务的企业之间进行竞争；另一方面，竞争优势的获取又依赖于企业之间的合作。企业间的激烈竞争，也促使企业在合作与竞争中发挥合理博弈的作用，通过竞争与合作促进共同发展，形成企业间的共生关系。企业的协同进化是通过合作共同把"蛋糕"做大，然后采用合理竞争的方式对"蛋糕"进行分割。协同进化不仅发生在一对企业之间，而且也发生在相同市场环境中的所有企业之间，这往往导致市场生态系统的发展，企业应与包括产业中的上下游、配套企业与用户构成产业内循环价值链的外部环境建立广泛的合作关系。企业的发展离不开上下游、配套企业和研发机构的支持，价值链中各个环节的变异活动都会对其他企业产生影响。企业应与这些企业建立战略联盟和虚拟网络，以实现协同发展。企业应根据自身的经营能力确定竞争目标，而不是试图通过不正当竞争将竞争对手赶出市场。不正当竞争会增加企业的竞争成本，最终导致公司濒临破产。

第四节　协同进化与老字号企业成长

一、问题的提出

基于对企业协同进化的文献研究可以看出，从生态学意义上说，协同进化是两个或两个以上的生物个体相互演化发展的关系；从管理学意义上来说，协同进化是在市场选择的条件下，企业内部两个或两个以上存在因果关系的主体相互影响、共同发展的过程。在这里，既包括企业与企业之间的协同关系，也包括企业内部不同单元之间的协同进化关

① 胡伟.企业协同进化机制研究［J］.企业活力，2008（3）：82-83.
② 王举颖.集群企业生态位态势互动与协同进化研究［J］.北京理工大学学报（社会科学版），2010，12（4）：57-60.

系。企业技术创新与品牌进化是一组相互独立又相互影响的关系，也是
创造企业竞争优势、推动企业进化的重要力量①。

老字号企业在长期发展过程中，一方面依靠传统技术不断传承和创
新推动了企业发展，另一方面通过不断适应市场以推动品牌进化，两者
在企业内部构成协同进化关系，由此构建理论模型如图3-1所示。

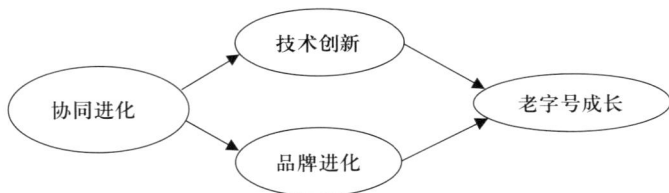

图3-1 老字号协同进化理论模型

二、研究设计与案例选择

案例研究作为重要的实证研究方法，可以对企业情景进行分析以探
索或验证理论命题。由案例研究构建理论的优势在于可能产生新颖理
论的潜质，并且可能被检验②。由此，在针对老字号的协同进化研究中，
采取案例研究对构建协同进化模型是比较合适的研究方法。

在案例选择中，选取的对象要具备技术创新和品牌进化分析的内
容，并能产生显著的市场影响和经营绩效。北京同仁堂股份有限公司
（以下简称同仁堂）是商业部首批认定的中华老字号企业，历经300多
年的发展，企业技术不断创新，生产了大量适应市场的新产品，老字号
品牌也在不断传承和创新中发展，适合本书的研究。

三、案例企业简介

同仁堂是中国最早的驰名商标，也是中华老字号企业。据记载，公
司最早可追溯到1669年成立的同仁堂药铺，距今已有300多年的历
史。公司成立以来，历经民国时期的同仁堂药房，到1954年公私合营，

---

① 杨保军，黄志斌. 基于知识进化视角的技术创新与品牌进化耦合机制研究［J］. 自然
辩证法研究，2014，30（12）：30-35.

② 李平，曹仰锋. 案例研究方法：理论与范例——凯瑟琳@艾森哈特论文集［M］. 北
京：北京大学出版社，2012.

1992 年公司改制成立同仁堂集团公司，1996 年成立同仁堂股份有限公司上市，2000 年成立同仁堂科技股份有限公司在香港分拆上市，到今天成为享誉世界的中药老字号企业，主营现代制药业、零售商业和医疗服务。同仁堂十分重视药品质量，以严格的管理作为保证，坚持仁行天下的经营理念，每一步都遵循传统文化和技术，并持续技术创新与品牌创新，推动着企业成长。

四、案例企业发展历史

追溯同仁堂企业发展的历史可以使我们更加清晰地看到老字号企业成长过程中技术创新与品牌的作用，为进一步分析协同进化机制提供重要的案例素材。

（一）创立阶段：供奉御药奠定中医药行业独特的江湖地位

同仁堂的崛起开始于 1669 年，世居京城的乐显扬凭借祖传的医药技术当上了清太医院的吏目，声誉渐起，逐渐被主流社会接受，后来乐显扬创立了同仁堂，成为现代同仁堂集团的前身。同仁堂始终把儒家的"仁爱"精神贯穿到企业经营的始终，严格的药品质量管理获得了市场的认同，逐渐发展为供奉宫廷的御药，自 1723 年（清雍正元年）起，历经八代皇帝，长达 188 年。同仁堂逐步奠定了在京城医药界的地位和影响力。

（二）成长阶段：历经坎坷，坚守诚信

老字号的成长不仅需要创始人勤奋经营，更需要传承者的发扬壮大。同仁堂在成长过程中伴随着乐家后辈继任者的努力，店铺逐步发展。但在长期经营过程中，来自朝廷的压力、经营的压力以及政局的动荡，店铺历经坎坷。但乐家在家族经营中能够坚守祖业，坚守诚信，始终用儒家文化的"仁"来构建企业文化。

同仁堂坚守"同修仁德，济世养生""修合无人见，存心有天知"的企业追求，讲求医德医术，在老百姓的心目中树立了良好的口碑。多年来，同仁堂秉承"炮制虽繁必不敢省人工，品味虽贵必不敢减物力"的加工理念，在产品原材料选取、药品制作工艺上精益求精、不过度扩张，为企业持续发展提供了保证。

（三）发展创新阶段：坚持传承，持续创新，推动老字号品牌发展

新时期以来，随着国家对民族中药行业的支持力度加大，同仁堂走向了创新发展的快车道。

第一，公司基于传承加强技术创新，聚焦重点疾病治疗领域，加强新产品研发和名优品种培育，唤醒睡眠品种，不断提升生产机械化、中药标准化、医药装备智能化建设水平，用科技创新促进企业发展。

第二，通过整合营销打造企业品牌。作为一家知名老字号品牌，同仁堂充分利用老字号的文化优势，科学制定营销战略，以企业品牌为营销核心点，通过老字号品牌故事开展文化营销，通过投资影视作品提升企业知名度，通过过硬的产品质量和服务开展口碑营销，一系列有效的品牌策略使公司的品牌知名度、美誉度获得了市场的广泛认可。

第三，整合企业，以大健康战略构建新零售体系。拥抱新零售，实现老字号品牌进化是同仁堂适应市场变化的重要策略。近年来，同仁堂开始选择膏方系列产品切入大健康领域，以具有竞争力的产品和服务进入新零售，推出同仁堂"知嘛健康"新零售，打造年轻人争相打卡的网红地，在线上提升企业知名度。为吸引更多的消费者在线上购买，公司通过社群营销实现线上引流，获得了更多消费者关注。为推进线上线下相结合的新零售方式，同仁堂通过在社区开设连锁中医养生生活馆发展线下渠道，虚实结合，提升了企业品牌的知名度和影响力。

第四，技术与品牌协同发展，老字号企业走向国际。为深化与"一带一路"沿线国家和地区合作，同仁堂积极探索推进覆盖全产业链的发展模式。在推进进程中，公司获得了日本、澳大利亚的GMP认证和HACCP等认证，打开了国际市场的通行证。同仁堂积极利用门店、药店宣传中医药文化，增进国外消费者对中国传统文化的了解。近年来，作为中医药使者，同仁堂在"世界中医药联合会""'一带一路'民心相通——中医中药世界行"等活动中亮相，让国外消费者感受中国中药中医文化，以中药现代化、国际化使企业更具有国际竞争力。

五、同仁堂技术创新与品牌进化协同进化分析

从协同进化角度分析同仁堂的发展可以更好地揭示老字号成长的秘密。在竞争的背景下，企业之间的协同可以更好地抵御来自外部的竞争者，这种协同更多表现为企业上下游协同，如管理协同、销售协同、营运协同、投资协同等。在企业内部，企业价值链需要各个部门协同一致，共同提升企业价值。技术创新和品牌是构成企业价值链的重要环节，相互作用、相互影响。杨保军和黄志斌从知识进化角度分析了企业技术创新与品牌的关系，认为技术系统通过企业价值链体系形成技术联动关系，并通过技术交流和学习，推动知识进化[①]。而品牌系统在市场导向下配置企业内部和外部的品牌知识及能力资源，能促进内外部知识的流动，形成品牌竞争能力以积极应对外部环境。基于此研究，将根据同仁堂这一案例分析企业内部技术创新与品牌之间的关系。

同仁堂自成立以来坚持以质量为导向，在企业内建立了以质量和疗效为核心的药材鉴别、加工炮制、制剂技术体系，历经数百年的传承。一方面，在企业内部通过"名师"与队伍传承、技艺传承和文化传承，形成稳定的技术；另一方面，根据顾客需求开发现代剂型新产品和改良新剂型产品，以适应市场的发展。产品技术创新使企业形象由传统老字号向现代老字号的转变，并通过"治未病"等大健康理念引领了中医药市场的发展，也促进了老字号品牌进化。

在耦合机制作用下，首先，技术创新推动品牌创新，对品牌管理系统内部诸要素进行优化调整，促进企业品牌知识进化。其次，品牌系统不断进化影响技术创新，通过适宜的知识供给，进行品牌营销推广，在各种不同的主体之间传递或者进行知识处理，形成差异化的品牌形象和品牌传播。技术创新和品牌进化的相互耦合推动企业高层级协同演化。[②]同仁堂将现代化标准与传统工艺技术相结合，树立"仁德诚信"的质量文化，打造品牌形象，实现了技术创新与品牌协同，促进企业发展。

---

① ② 杨保军，黄志斌．基于知识进化视角的技术创新与品牌进化耦合机制研究［J］．自然辩证法研究，2014，30（12）：30-35．

综上所述，老字号品牌发展扎根于消费市场，其发展历程深受外部环境影响，与政治经济环境的联系十分紧密。在长期竞争过程中，老字号品牌除了因自身文化理念变更，也为适应市场发展做出了很大改变。既传承本企业优秀文化基因，又学习竞争对手品牌文化基因，从而提升企业竞争力，这是老字号品牌协同进化的成果。

第四章　网络嵌入、吸收能力与老字号企业绩效的影响研究

善学者尽其理，善行者究其难。

——荀子

行之力则知愈进，知之深则行愈达。

——张栻

【本章导读】管理学大师彼得·德鲁克说：一个企业只能在企业家所能达到的思维空间内成长。中华老字号企业作为中国标志性品牌，在历史的长河里获得良好的顾客口碑和市场声誉，需要探索成长的原因，挖掘成长轨迹中企业经营的经验和管理精髓。如在传统的社会网络背景下，老字号依托传统网络关系和在商业领域的地位推进着企业内部的技术创新和品牌进化，实现了企业成长。从这一视角分析，可以深入探索在技术创新能力提升与品牌进化推动下老字号企业成长的路径和经验。但正如德鲁克所说，受制于传统社会网络中的老字号企业掌舵人文化、认识和思维等，使其对企业发展的规模、战略方向的把握出现了偏差。这也是同仁堂、王老吉等一些老字号企业能够适应快速发展的新竞争环境，而众多历经百年的老字号企业逐步被市场淘汰的原因，其中蕴含着深刻的管理与营销道理。

我国互联网及信息技术快速发展，各行业融入了数据信息资源共享的环境中。老字号企业须充分利用网络嵌入以获取更多外部资源，并结合内部信息资源，增强吸收能力，突破企业发展"瓶颈"，提高企业绩效。企业在网络嵌入下，吸收能力的强弱直接影响到企业利用网络嵌入

获得有价资源和信息为企业创造的价值，从而影响到企业绩效。

老字号指具有深厚的中国传统文化底蕴、服务或技艺的企业。老字号是前辈们历尽千辛万苦创业传承至今，成为今天中华民族非物质文化遗产的重要组成部分，在消费者心中具有良好品质和信誉的民族品牌。然而，大多数老字号企业是家族企业，其经营规模小、生产效率低、创新能力不足，难以适应现代消费者的消费观念和需求，在激烈的竞争环境中容易失败。除自身不足之外，老字号企业持续发展还面临诸多外部挑战：外来品牌的入侵，新兴企业的崛起，同行业的更新变革等。如何在商业竞争大环境中提高老字号企业绩效是当前的一大难题。嵌入社会网络中的老字号企业凭借社会网络结构和关系获得了优势的竞争地位，形成了市场良好的口碑，但面对竞争市场，需要企业充分考虑网络嵌入视角下技术创新能力与品牌进化对企业的影响。李杰义等从双重网络嵌入视角分析对创新绩效的影响，通过实证研究验证了吸收能力在双重网络嵌入与创新绩效间起到正向调节作用[①]。

本书基于网络嵌入和吸收能力理论，运用问卷调查数据，同时采用回归分析和结构方程模型，研究网络嵌入、吸收能力与老字号企业绩效的影响关系，丰富了网络嵌入理论和吸收能力理论，也为老字号企业经济发展和提高企业绩效提供了理论支撑。

第一节　理论基础与研究假设

一、理论基础

在经济体系中，各经济主体的相互联联系促进了社会发展，Polanyi用"嵌入性"概念进行描述，认为嵌入性是经济体系运作过程中对社会关系的影响[②]。企业过去的交往和联系逐渐形成现在稳定网络关系，企业从这种关系中获得差异性资源；企业嵌入网络中能获取资源，降低企

---

① 李杰义，曹金霞，刘裕琴．双重网络嵌入性、吸收能力对创新绩效的影响研究——基于 258 家跨国制造企业的面板数据［J］．华东经济管理，2018，32（3）：134-140.

② Polanyi K.The great transformation：The political and economic origins of our time［M］. Boston，MA：Beacon Press，1944.

业改革风险，促进企业成长（郭韬等，2021）。

国内外学者从不同角度对网络嵌入进行分类。Zukin 将网络嵌入分为结构嵌入、认知嵌入、文化嵌入、政治嵌入四个类型[①]。Halinen 和 Tornroos 从商业活动角度将网络嵌入分为社会嵌入、政治嵌入、市场嵌入、技术嵌入、时间嵌入和空间嵌入六种类型[②]。Johannisson 和 Pasillas 从内容和结构角度提出嵌入性分类，分为实体嵌入和系统嵌入[③]。

网络嵌入中，结构嵌入与关系嵌入是中外学者研究网络嵌入对企业绩效影响的主要维度。

蒋丽芹和李思卉认为结构嵌入体通过网络中心度、网络密度等来衡量，体现企业在社会网络中的位置[④]。

金明华和潘孟阳认为，关系嵌入分为关系强度、规范性影响和互惠三个维度[⑤]。

结合各位学者的观点，本书将网络嵌入分为两类：结构嵌入和关系嵌入。结构嵌入通常被表述为企业在社会网络中的位置关系。显然，优势的位置可以获得内外资源和信息，从而获得市场竞争力。结构嵌入的主要结构特征是连接性、中心性和层次结构性。关系嵌入是网络中的企业成员之间相互信任、共享信息，体现成员间互相信赖、互动和联系紧密度。企业处于网络组织中的位置好，有利于企业吸收重要资源和信息，在竞争中占据领先地位，从而提高企业绩效。企业异质性资源来自企业内外部，企业嵌入网络关系成员间，获得彼此之间的信赖和共享信息，可以花费更少的时间和精力成本而获得更多的关系资源和信息。

Cohen 和 Levinthal 吸收能力是指企业将内部知识用于识别评价和吸

①　Zukin，Dimaggio.P.Structures of capital：The social organization of economy［M］. Cambridge，MA：Cambridge University Press，1990.

②　Halinen A，Tornroos J.The role of embeddedness in the evolution of businessnetworks［J］. Scandinavian Journal Management，1998，14（3）：187–205.

③　Johannisson B，Pasillas M .The in stitutional embeddedness of localinter–firm networks：A leverage for business creation［J］.Entrepreneurship & Regional Development，2002，14（4）：297–315.

④　蒋丽芹，李思卉 .网络结构嵌入、双元学习对企业突破性创新的影响［J］.商业经济研究，2020，4（13）：116–119.

⑤　金明华，潘孟阳 .社会网络视角下关系嵌入对消费者网络团购意愿的影响［J］.商业经济研究，2018，4（12）：52–56.

收消化，将外部知识应用于商业化的能力[1]。

Richard Harris 等认为，吸收能力分为"吸收努力、吸收知识库和吸收过程"三个部分[2]。

邢源源等认为，吸收能力包含知识获取能力、吸纳能力、转化能力和应用能力等[3]。

综合参考以上学者的观点，本书认为，吸收能力是指企业在自身知识发展的基础上识别、吸纳和应用外部知识，整合内外部知识形成新的知识，以促进企业创新发展，创造更多有用价值的一种能力。在此基础上，本书将企业整个吸收过程划分为三个过程，即识别、吸纳和应用。这三个过程对应的能力融合形成吸收能力。识别能力指企业搜索、定位和获取目标资源的能力；吸纳能力指企业通过识别并吸入采纳所需资源进行分析和理解的能力；应用能力指企业通过吸纳外部资源结合自身已有资源进行创新应用的能力。

二、研究假设

（一）网络嵌入与吸收能力

在社会网络中，网络成员的异质性可为网络成员获得企业更多资源和信息，因此需要企业扩大网络规模，加强与外部网络成员的知识链接以获取所需要的资源和信息。

胡查平和冉宪莉认为，企业内部储存知识越多，在社会网络环境中寻找目标资源和信息越快速，就越能减少吸收环节，进而减少吸收过程中的各项成本[4]。

戴勇等认为，当企业嵌入知识密集的服务网络中时，能进一步提高企业的吸收能力。网络规模、中心度和联系强度正向影响企业吸收

---

[1] Cohen, W.M., Levinthal, D.A.Absorptive capacity: A new perspective on learning and innovation [J] Admin. Sci. Quart, 1990, 35（1）: 128–152.

[2] Richard Harris, Astrid Krenz, John Moffat.The effects of absorptive capacity on innovation performance: A cross-country perspective [J]. Journal of Common Market Studies, 2020: 1–19.

[3] 邢源源、牛晓晨、李钊.科恩与利文索尔关于吸收能力理论研究的贡献——科睿唯安"引文桂冠"经济学奖得主学术贡献评介 [J].经济学动态, 2020（6）: 148–160.

[4] 胡查平、冉宪莉.环境压力、制造企业知识密集服务网络嵌入与企业绩效 [J].技术经济, 2020, 39（9）: 207–215.

能力。①

艾志红认为，网络规模、网络密度促进潜在吸收能力提升②。

因此，本章提出以下假设：

H1：网络嵌入对吸收能力具有正向显著影响；

H1a：结构嵌入对吸收能力具有正向显著影响；

H1b：关系嵌入对吸收能力具有正向显著影响。

（二）网络嵌入与企业绩效

网络嵌入与企业经营发展活动密切联系，网络嵌入中活动主体与网络成员之间的关系由网络结构嵌入和关系嵌入进行反应。

蔡薇通过实证研究提出，网络嵌入与商贸流通企业绩效有一定的相关性，网络嵌入对企业绩效有正向影响③。

孙永波和刘竞言认为，企业嵌入在社会网络中可以增强企业成长和提升合作创新绩效④。

Dong Young Kim 论证了结构嵌入有利于提高并购企业的企业绩效⑤。

吴楠等结合企业实际实证分析了网络关系嵌入对企业创新绩效产生正向影响⑥。

因此，本章提出以下假设：

H2：网络嵌入对企业绩效具有显著相关性；

H2a：结构嵌入对企业绩效具有显著相关性；

H2b：关系嵌入对企业绩效具有显著相关性。

---

① 戴勇，朱桂龙，刘荣芳.集群网络结构与技术创新绩效关系研究：吸收能力是中介变量吗？［J］.科技进步与对策，2018，35（9）：16-22.

② 艾志红.创新网络中网络结构、吸收能力与创新绩效的关系研究［J］.科技管理研究，2017，37（2）：26-32.

③ 蔡薇.网络嵌入、商业模式优化与商贸流通企业绩效关系研究［J］.商业经济研究，2021（8）：102-105.

④ 孙永波，刘竞言.网络嵌入与企业合作创新绩效——联盟信任的中介效应［J］.科技管理研究，2020，40（12）：187-196.

⑤ Dong Young Kim.Understanding supplier structural embeddedness：A social network perspective［J］.Journal of Operations Management，2014（1）：219-231.

⑥ 吴楠，赵嵩正，张小娣.关系嵌入性、组织间学习能力与技术创新绩效关系研究［J］.科技管理研究，2015，35（9）：167-172.

（三）吸收能力与企业绩效

通过前面文献梳理可以看出，吸收能力在各领域研究中被广泛应用。企业发展不仅需要自身拥有强大的核心知识，还需要获取、吸纳和应用有价值的外部知识，融合内外部知识，并创造企业自身所需的新知识。

许骞研究指出，吸收能力正向影响企业创新绩效[①]。

杨利云发现，吸收能力与绩效之间呈显著正相关[②]。

因此，本章提出以下假设：

H3：吸收能力对企业绩效具有正向显著影响。

（四）网络嵌入、吸收能力与企业绩效

网络嵌入让企业置身于网络关系中，并与网络成员之间产生联系。企业越扩大网络成员的规模，越能获取自己所需的重要资源和信息。国内外大多数研究将网络嵌入、吸收能力对企业绩效的影响进行分开研究，而对三者的综合研究理论发展较为缓慢。基于吸收能力作为中介变量来分析网络嵌入获得绩效可以较好地反映企业所处的网络结构和网络关系。

邢乐斌等认为，吸收能力有积极调节创新绩效的关系，对企业绩效有中介调节作用。基于企业自身的知识体系，在影响企业绩效的其他因素和企业绩效之间加入吸收能力作为中介调节变量，进而影响企业绩效[③]。

綦良群和高文鞠吸收能力正向中介调节融合系统组织网络对创新绩效的影响[④]。

张方华左田园企业吸收能力在网络嵌入与创新绩效之间起到调节作用。企业在网络嵌入中与其他网络组织成员互动、相互联系，不断增加合作伙伴和网络密度，形成稳定的网络关系、置身于网络中心，以低成

---

① 许骞.创新开放度、知识吸收能力对企业创新绩效的影响机制研究——基于环境动态性视角［J］.预测，2020，39（5）：9–15.

② 杨利云.多元化经营、冗余资源吸收能力与工业企业财务绩效［J］.财会通讯，2019，4（27）：87–90.

③ 邢乐斌，任春雪，曾琼.开放度组合策略与创新绩效类型匹配关系研究——吸收能力的调节效应［J］.科技进步与对策，2021（1）1–8.

④ 綦良群，高文鞠.区域产业融合系统对装备制造业创新绩效的影响研究——吸收能力的调节效应［J］.预测，2020，39（3）：1–9.

本、高效率获取目标资源，提高自身吸收能力 [①]。

因此，本章提出以下假设：

H4：在网络嵌入与企业绩效两者的关系中，吸收能力发挥中介效应作用。

根据以上假设，本章形成理论模型如图 4-1 所示。

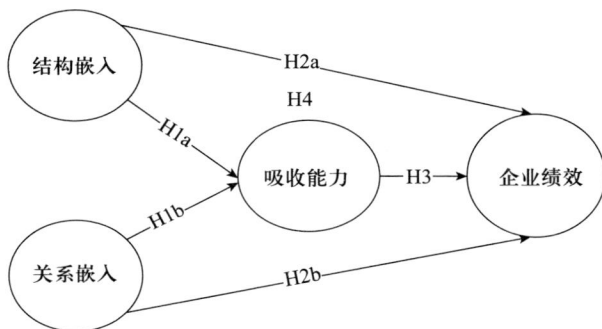

图 4-1　网络嵌入和吸收能力与企业绩效理论模型

第二节　量表设计与数据分析

一、研究对象及数据收集

中华老字号是我国宝贵的民族品牌和资源，通过长期经营传承下来独特的商业技艺、服务和民族文化精华，这是嵌入社会网络形成良好信任关系的典型特点。为探寻网络嵌入、吸收能力对企业绩效的影响，解决老字号企业发展"瓶颈"期难题，本章以老字号企业为研究对象，对 32 家老字号企业进行了实地调查，采用访谈法和实地问卷调查法。发放问卷 305 份，收回有效问卷 256 份。如表 4-1 所示，老字号企业 48.0% 的员工集中在 30 ~ 40 岁，占比较高；19.6% 的受访者具有大学及以上学历。问卷抽样调查范围较广，样本比例合理，符合本章的要求。

---

① 张方华，左田园 .FDI 集群化背景下本土企业的网络嵌入与创新绩效研究［J］.研究与发展管理，2013，25（5）：70-80.

表 4-1 问卷样本人口特征统计

统计变量	测量项目	频数	百分比
年龄	30 岁以下	70	27.3
	30 ~ 40 岁	123	48.0
	40 ~ 50 岁	32	12.5
	50 岁以上	31	12.2
民族	少数民族	210	82.0
	汉族	46	18.0
学历	初中及以下	80	31.3
	高中	126	49.1
	大学及以上	51	19.6
性别	男	146	57
	女	110	43

二、量表设计

（一）网络嵌入的测量

通过查阅文献，大部分学者以结构嵌入和关系嵌入两个变量来度量网络嵌入，并形成成熟量表。参考杨保军[1]、刘兰剑等[2]的研究成果和经典量表，设置题项并作为量表反映网络嵌入变量，根据研究对象的特点，对量表进行了本地化，以满足研究的需要。

（二）吸收能力的测量

参考孙骞等[3]的研究，从识别能力、吸纳能力和应用能力三个方面测量吸收能力。从搜索、定位和获取目标资源的角度测量识别能力，从识别、吸入采纳所需资源进行分析和理解的角度测量吸纳能力，从吸纳

---

[1] 杨保军.网络嵌入、双元能力与老字号企业成长绩效研究［J］.北方民族大学学报（哲学社会科学版），2020（4）：4-6.

[2] 刘兰剑，司春林.网络嵌入性、跨组织学习与技术创新：几个变量的测度［J］.现代管理科学，2011（10）：8-10.

[3] 孙骞，欧光军.双重网络嵌入与企业创新绩效——基于吸收能力的机制研究［J］.科研管理，2018，39（5）：67-76..

外部资源并结合自身已有资源进行创新应用的角度测量应用能力。

（三）企业绩效的测量

本章对企业绩效的测量主要参考柳芳红等[①]的研究，从市场占有份额、利润总额、成本费用、销售收入、盈利能力等方面测量和设计题项。

（四）控制变量的测量

为控制其他因素对老字号企业绩效的影响，用企业规模（员工的数量）、企业年龄（注册之间的时间）等作为控制变量进行研究，并根据连续变量进行实证数据分析。

通过上述量表设计形成问卷，问卷题项分为网络嵌入、吸收能力、企业绩效三大板块，为更确切地统计老字号企业的员工特征，在问卷调查中添加被问卷人的年龄、民族、学历和性别等选项。量表具体如表4-2所示。

表 4-2　量表

变量		变量定义
结构嵌入	网络规模	网络成员参与的数量
	网络密度	与网络成员单位联结占总联结的比例
	网络稳定性	网络成员数量的增减情况
	网络中心性	网络成员的位置关系能反映其在网络结构中的重要程度
关系嵌入	互动频率	企业与网络成员之间的互动频率的高低
	了解程度	企业对关联企业了解程度的大小
	合作期限	与企业合作期限的长短
吸收能力	识别能力	企业识别目标资源所耗费的时间
	吸纳能力	企业识别目标资源后纳入企业所耗费的时间
	应用能力	企业吸纳目标资源后应用到本企业产生效益的大小

① 柳芳红，王建刚，吴洁.知识属性、吸收能力与企业绩效的关系研究［J］.科技管理研究，2015，35（18）：116-121.

续表

变量		变量定义
企业绩效	市场占有份额	企业在市场中占有份额的影响程度
	利润总额	收入减去费用后的余额
	成本费用	企业运营所需要的成本
	销售收入	企业销售的全年收入
	盈利能力	主要用销售毛利率进行计算。销售毛利率等于（销售收入 – 成本费用）/ 销售收入 ×100%
控制变量	企业规模	根据企业员工数量分为五级
	企业年龄	企业注册至今时间

三、数据分析

（一）描述性统计

本章运用 SPSS 26.0，对网络嵌入、吸收能力和企业绩效三个变量进行描述分析。分析结果如表 4-3 所示，本章中设计的调查问卷中每个变量的最大值均为 5，最小值均为 1，体现出接受调查问卷对象对题项内容总体反映度较高；从偏度和峰度数据看，15 个观察变量的偏度系数最大绝对值均小于 2，峰度系数最大绝对值均小于 5，说明本次调查问卷样本数据符合正态分布。表 4-3 中企业与网络成员之间的"互动频率"题项均值得分大于 4 分且标准差小于 1，表明老字号企业与网络成员之间的互动较为频繁，其网络关系嵌入较强。"应用能力"题项均值得分大于 4，标准差为 1.009，说明企业吸纳目标资源后应用到本企业产生效益较好，其吸收能力较强。

表 4-3 变量的描述统计

变量		N	最小值	最大值	均值	标准差	偏度	峰度
结构嵌入	网络规模	256	1	5	3.71	1.054	−0.953	0.273
	网络密度	256	1	5	3.97	1.061	−1.237	0.979
	网络稳定性	256	1	5	3.71	1.071	−0.907	0.426
	网络中心性	256	1	5	3.85	1.180	−0.971	0.082

续表

变量		N	最小值	最大值	均值	标准差	偏度	峰度
关系嵌入	互动频率	256	1	5	4.04	0.973	−1.313	1.900
	了解程度	256	1	5	3.96	1.086	−1.152	0.794
	合作期限	256	1	5	3.7	1.198	−0.782	−0.423
吸收能力	识别能力	256	1	5	3.9	1.043	−0.840	−0.033
	吸纳能力	256	1	5	3.87	1.131	−0.949	0.074
	应用能力	255	1	5	4.04	1.009	−1.177	0.827
企业绩效	市场占有份额	256	1	5	3.62	1.081	−0.850	0.124
	利润总额	256	1	5	3.76	1.045	−0.819	−0.019
	成本费用	256	1	5	3.77	1.080	−0.905	0.181
	销售收入	256	1	5	3.63	1.040	−0.896	0.137
	盈利能力	256	1	5	3.78	1.064	−0.813	−0.102

（二）信度与效度分析

本章对调查问卷的信度和效度进行检验，确保样本数据的可靠性、合理性和科学性。运用 SPSS 26.0 数据分析软件，首先对变量进行标准化处理，降低自变量与交互项之间的多重共线性；然后对网络嵌入、吸收能力和企业绩效变量进行验证性分析，并结合聚类分析进行假设性检验。

量表从信度系数的接受度看，根据检测结果显示：结构嵌入、关系嵌入的 Cronbachs's α 值大于 0.8；吸收能力的 Cronbach's α 值大于 0.9；企业绩效的 Cronbach's α 值大于 0.7，总量表的 Cronbach's α 系数值在 0.9 以上，表明样本数据具有较好的信度，说明该问卷有很好的可靠性。通过 AMOS 26.0 软件，对结构嵌入、关系嵌入、吸收能力和企业绩效进行模型 CFA 检验，检验变量之间能否相互区分。经检验，模型具有较高的拟合度（ $\chi^2/df=1.897$ ，RMSEA=0.051，NFI=0.904，GFI=0.901，TLI=0.915 ）。因此，变量具有效度。

利用 SPSS 26.0 检验样本数据的 KMO 值和 Bartlett 系数，检测结果显示：KMO 的值为 0.874，Bartlett's 球形检验的近似卡方值为 8716.253（自由度为 1596），并且达到显著性水平（ p<0.001 ），说明总变量相关矩阵间存在公共因子，可以进行统计分析。对样本数据进行凯撒正态最大化方差正交旋转，采用主成分分析法，提取出主成分，剔除不符合条

件的因子，所得特征根大于1的因子，最终提取因子4个，分别对应4个观测变量，因子累计解释的变异量为63.844%。样本效度符合研究要求，具体结果如表4-4所示。

表4-4 因子解释的总方差

成分	初始特征值			提取载荷平方和			旋转载荷平方和		
	总计	方差百分比	累计百分比	总计	方差百分比	累计百分比	总计	方差百分比	累积百分比
1	3.729	6.542	37.36	3.729	6.542	37.36	3.475	6.097	16.121
2	1.654	2.902	51.001	1.654	2.902	51.001	3.046	5.344	38.084
3	1.441	2.528	58.95	1.441	2.528	58.95	2.481	4.353	51.868
4	1.233	2.163	63.452	1.233	2.163	63.452	2.199	3.858	60.038

（三）回归分析及假设检验

本章采用SPSS 26.0进行逐步回归分析，依次对假设进行验证。在回归分析中，检测结果发现，得出的指标符合线性关系，适合建立线性模型。数据显示，结构嵌入与吸收能力显著相关（$\beta = 0.224$，$p < 0.001$）；关系嵌入与吸收能力显著相关（$\beta = 0.308$，$p < 0.001$），假设H1、H1a、H1b成立；结构嵌入与企业绩效显著相关（$\beta = 0.256$，$p < 0.001$）；关系嵌入与企业绩效显著相关（$\beta = 0.325$，$p < 0.001$），假设H2、H2a、H2b成立。吸收能力与企业绩效显著相关（$\beta = 0.317$，$p < 0.001$），假设H3得到验证。变量均值、标准差以及相关系数和显著性数据如表4-5所示。

表4-5 变量相关性分析

变量	1	2	3	4
结构嵌入	1.000			
关系嵌入	0.281^{***}	1.000		
吸收能力	0.224^{***}	0.308^{***}	1.000	
企业绩效	0.256^{***}	0.325^{***}	0.317^{***}	1.000

注：*、**、***分别表示p值在0.05、0.01、0.001水平上显著。

（四）中介效应检验

网络嵌入、吸收能力与企业绩效相关性分析。回归分析中，将网络嵌入作为自变量，吸收能力作为中介变量，企业绩效作为因变量，结果如表4-6所示。

表4-6 网络嵌入、吸收能力与企业绩效相关系数

模型		β	标准错误	标准化系Beta	t	显著性	β 的95%置信区间		共线性统计	
							下限	上限	容差	VIF
1	（常量）	1.938	0.265		7.321	0.000	1.417	2.460		
	网络嵌入	0.259	0.060	0.270	4.278	0.000	0.140	0.378	0.846	1.182
2	（常量）	1.463	0.284		5.155	0.000	0.904	2.022		
	网络嵌入	0.173	0.063	0.181	2.764	0.006	0.050	0.296	0.746	1.341
	吸收能力	0.251	0.063	0.252	3.910	0.000	0.127	0.376	0.790	1.265

Knney 和 Baron 认为，中介效应的检验效果应同时满足以下条件："X是显著影响Y，X显著影响M，M影响Y，M与X都同时进入回归方程时，若X对Y的影响系数显著下降，说明M起到部分中介作用，若X对Y的影响系数显著性消失，则说明M起到完全中介的作用。"根据上述理论及回归分析，网络嵌入显著影响企业绩效，网络嵌入显著影响吸收能力，吸收能力影响企业绩效，吸收能力与网络嵌入同时进入回归方程时，网络嵌入对企业绩效的影响系数显著下降，由0.270下降到0.181，下降了33%；与此同时，网络嵌入对企业绩效的影响系数显著性消失（由p<0.001变为p>0.005），说明吸收能力在网络嵌入与企业绩效之间起到部分中介的作用。假设H4得到验证。

企业置身于网络成员间，不是孤立存在，而是与网络组织成员有一定的联系。企业充分运用自身所蕴含的知识，吸收周边组织成员的信息和资源。吸收能力的强弱对企业绩效有一定的影响。在网络嵌入视角下，吸收能力作为中介变量，进而影响企业绩效。本章在已有的理论的基础上建立网络嵌入和吸收能力对企业绩效影响，并根据假设形成模型。本章选择 AMOS 26.0 软件运用结构方程模型对进行模型估值。结果如图 4-2 和表 4-7 所示。

图 4-2　网络嵌入、吸收能力与企业绩效结构模型路径系数

表 4-7　检验结果

路径	路径系数	标量估计	临界比	显著性水平	对应假设	检验结果
吸收能力←结构嵌入	0.914	0.780	6.357	***	H1a	支持假设
吸收能力←关系嵌入	0.405	0.468	3.793	***	H1b	支持假设
企业绩效←吸收能力	0.506	0.558	5.011	***	H3	支持假设

注：*、**、*** 分别表示 p 值在 0.05、0.01、0.001 水平上显著。

从表 4-7 检验结果可以看出：在显著水平下，网络嵌入对吸收能力有显著正向影响（H1）。具体分析可以发现，结构嵌入对吸收能力有显著正向影响（H1a），关系嵌入对吸收能力显著正向影响（H1b）。吸收能力与企业绩效显著正相关（H3）。在此模型中，结构嵌入和关系嵌入分别与企业绩效连接，导致无法计算出路径系数，两者须借助吸收能力为中介对企业绩效产生影响。

四、结果讨论

（一）结构嵌入对吸收能力具有显著的正向影响

通过测量显示，结构嵌入与吸收能力的路径系数是 0.914（p < 0.001）。结构嵌入对吸收能力具有正向影响，且路径系数比较高，表明结构嵌入对吸收能力的影响较为显著。本章通过实证结果表明，老字号企业上游供应商、下游客户、同行业竞争者或者政府机构等存在信息资源共享，在调查范围内企业若网络位置中心度较好，将具有获得内外资源和信息的结构优势，促进企业的良好发展，提升企业吸收能力。

企业应充分利用嵌入社会网络中的机会，发展自身核心优势，占据市场竞争中的核心优势地位，辐射组织周边潜在消费者，提升自身的品牌竞争力，促进企业内部知识技术文化发展，提高吸收能力。

（二）关系嵌入与吸收能力的结果分析

根据模型计算，关系嵌入与吸收能力的路径系数是 0.405（p < 0.001），显示企业利用网络成员之间的异质性获取所需资源和信息，组织成员之间互相交流，相互信赖，共享信息，通过内部已有知识识别、吸纳和应用外部目标资源为企业创造价值，促进企业吸收能力的提高。蒋天颖和孙伟认为，关系嵌入对企业的知识吸收能力有影响，企业通过建立广泛的关系网，与网络组织成员保持良好的关系，能够为企业带来更多的创新资源，提高吸收能力；另外，与其他企业接触次数，保持良好的口碑，转化及应用外部知识的障碍较小[①]。

关系嵌入能够加强网络组织成员之间交流和互动，从而进一步加强关系连接，促进相互之间的合作，企业间联系越深，发生技术和知识交流的概率越大，吸收能力越强。老字号企业历经数年传承发展至今，在区域范围内具有较大影响力，在组织成员之间互相交流和合作，形成区域标志性的特色产业，形成知识产权，在保持传统文化理念的同时，改革创新，顺应时代发展的需要，既要"引进去"，也要"走出去"，开拓更广的消费市场。

（三）吸收能力与企业绩效的结果分析

根据模型测算，吸收能力对企业绩效的影响路径系数是 0.506（p < 0.001），吸收能力正向显著影响企业绩效。实证结果与吴晨和杨震宁[②]吸收能力推动网络组织间信息和资源流动的研究结果一致。说明老字号企业加强对外部知识的吸收，提高吸收能力进行改革创新可以有效促进企业销售收入和盈利能力的提高，有利于其提高企业绩效。

老字号企业大多数为家族企业，创新能力较弱，要想在激烈的竞争环境中脱颖而出，提升企业绩效，需要提高自身的吸收能力，吸收外部先进的知识文化和技术，进行改革创新，以满足消费者更多的需求。

---

① 蒋天颖，孙伟 . 关系嵌入强度、知识吸收能力与集群企业技术创新扩散［J］. 情报杂志，2012，31（10）：201-207.

② 吴晨，杨震宁 . 企业边界依赖、吸收能力与创新：多案例研究［J］. 技术经济，2021，40（4）：29-38.

（四）网络嵌入、吸收能力与企业绩效

利用 AMOS 26.0 软件运用结构方程模型分析时，外因潜在变量结构嵌入和关系嵌入对内因潜在变量企业绩效不产生直接作用，无法显示路径系数和估计值。通过加入中介变量吸收能力，得出估计值。实证结果表明，吸收能力在网络嵌入对企业绩效的影响过程中起中介作用。这一结论一定程度上与李杰义等[1] 的吸收能力对网络嵌入与企业创新绩效的关系具有正向调节作用的研究结论相呼应。可见，吸收能力在网络嵌入与企业绩效之间起到中介调节作用。

企业嵌入社会网络中，既要融入网络关系密集群中，又占据优势地位，通过识别、吸纳和应用网络组织成员中的优势资源和信息，从而提高企业绩效。

第三节　研究结论与对策建议

一、研究结论

本章基于网络嵌入视角，引入吸收能力变量，通过老字号企业有效调查问卷，实证网络嵌入、吸收能力对老字号企业绩效影响。

首先，网络嵌入对吸收能力具有正向影响。在网络嵌入下，企业通过结构嵌入和关系嵌入与网络成员建立联系，建立搜索定位的范围，形成获取目标资源的途径。企业利用网络关系不断寻找、积累目标资源和信息，强化企业吸收能力。因此，企业的结构嵌入和关系嵌入的嵌入程度越深，积累的已有知识会越多，吸收能力越强。

其次，网络嵌入对企业绩效有积极影响。在互联网高度发达的时代，企业若只是单一生产经营和技术创新，不充分利用网络嵌入，将花费更大的人力物力成本，竞争力减弱，在网络竞争环境中难以生存。企业要尽可能增加所处网络中的成员，利用企业资源和信息异质性的特点，这样才有更多的选择性，以便找到更全面、更关键的资源和信息。

---

① 李杰义，曹金霞，刘裕琴. 双重网络嵌入性、吸收能力对创新绩效的影响研究——基于 258 家跨国制造企业的面板数据［J］. 华东经济管理，2018，32（3）：134-140.

老字号企业应该加强与网络成员之间的联系，增加彼此信任度，互惠互利，加大信息共享，各取所需。

再次，吸收能力正向显著影响企业绩效。快速发展的知识信息时代，吸收能力广泛应用于各领域，成为企业快速识别市场，消化知识、应用新知识的关键因素。善于吸收新知识，灵活应用新知识，结合已有知识，创造新知识的企业绩效更好。基于此，企业应该重视知识管理，培育自身的知识创新能力，建立创新团队，保持对外部知识发展变化的敏感性，注重吸收外部有价值的信息和资源，并将其吸收内化为企业自身的资源和能力。

最后，吸收能力在网络嵌入与企业绩效之间起到中介调节作用。网络嵌入和吸收能力对企业绩效影响呈"网络嵌入—吸收能力中介—企业绩效"关系。企业发展嵌入网络结构中，不能独善其身，要想在网络结构竞争中持续发展，应加强网络成员之间的联系，占据优势地位，充分吸收外部资源和信息，企业的吸收能力在此过程中，将外部资源和信息识别、消化和应用成自身的知识。企业嵌入社会网络中，通过联系和交流可以获得多元的知识和资源，提升企业吸收能力吸取网络成员中优秀的创新资源和信息，为其创新发展储备丰富的知识和能力。

二、对策建议

本章从网络嵌入的角度研究了吸收能力对企业绩效的影响机理，建立网络嵌入、吸收能力和企业绩效之间的逻辑关系，通过老字号企业进行实证分析和模型检验。本章对促进老字号企业具有现实意义和理论意义，并提出以下参考建议：

（一）加强与企业相关联的成员相互联系与合作，获取目标资源和信息

从政府角度看，需要为企业发展创造良好的商业环境，积极出台促进企业发展的体制机制，使政务环境变得更加良好；改革完善企业交易制度，营造良好的市场环境；加强法律制度建设，建设公平有序的法治环境；积极制定相关扶持措施，政府给予资金支持；等等。

从企业角度看，需要企业积极占据在网络组织中的优势地位，扩大网络嵌入范围，增大网成员规模，进而获得更多的异质性资源和信息，

降低资源获取成本，提高嵌入效率和价值。企业应加强与网络成员的相互联系与合作，获取网络成员的信任，促进资源信息共享；不断提升企业在网络组织成员间知名度，将民族文化融入企业，强调其独特性，才能获得更大竞争优势。

（二）强化企业学习能力

在网络嵌入下，网络组织成员间不断流动和转移资源及信息，企业在经营过程中应不断强化自身学习能力。利用积累的知识学习外部网络有效知识，并加以应用为企业发展服务。积极向网络组织成员中优秀成员学习其优秀的经营方法，定期对企业员工进行培训，安排管理人员或者优秀员工到其他企业学习先进管理理念和技术知识。

（三）加强企业吸收能力培养

一是基于企业已有的知识水平和技术，提高创新改革风险与企业绩效评估。

二是识别和探索外部资源信息时，注重对人力、智力资本的管理和运用，提高吸收利用效率。

三是企业加强内部沟通与信息传达，同时把握吸收能力的应用范围，提高知识利用效率，从而吸收能力才能有效地为提高企业绩效服务。

第五章　网络嵌入、老字号企业技术创新能力与财务绩效研究

凡活的而且在生长者，总有希望的前途。

——鲁迅

人们的心灵及其自我观念被他们的社会经验所塑造。

——乔治·赫伯特·米德

【本章导读】要注重创新驱动发展，紧紧扭住创新这个牛鼻子，强化创新体系和创新能力建设，推动科技创新和经济社会发展深度融合，塑造更多依靠创新驱动、更多发挥先发优势的引领型发展。在网络嵌入视角下，老字号的技术创新能力直接影响着企业的最终绩效。同仁堂作为一家有300多年历史的老字号，传承着企业产品和工艺流程技术基因，同时以顾客为导向致力于技术创新，从而获得了年轻消费者的青睐。老字号主动适应市场求新求变为企业发展提供了范本。

党的十九届五中全会首次提出"坚持创新在我国现代化建设全局中的核心地位"，将创新的核心地位贯穿于现代化建设的各领域和全过程。不断提升企业技术创新能力，不仅是企业发展的需要，也是促进社会发展的需要。任何组织或个体都不是独立存在的，都需要嵌入由政治、文化、区域等社会关系所形成的社会网络中。网络嵌入作为具有基本属性的创新网络，被认为是企业实现创新性突破的关键影响因素，因此受到

了越来越多学者的关注①。大部分老字号企业或多或少掌握一些技艺类非物质文化遗产，使老字号企业形成品牌特色。但有些老字号企业生产经营过程中思想过于保守，与当前市场状况背道而驰，导致品牌老化严重，企业成长止步不前②。

老字号企业长久发展过程中所积淀的历史文化以及企业掌握的特有核心技术，是老字号品牌的价值来源。老字号企业几乎都有自己的"独门绝技"，这些祖传的技术给企业赢得了好口碑，但也因此使得老字号企业忽略创新。如今，文化上呈现出多元特色的年青一代成为市场主体，老字号传统文化对消费者的影响逐渐减弱。若老字号企业祈求长期稳定发展，对企业技术进行改良革新十分有必要。尤其在西部地区，随着西部大开发战略成果的取得，经济、文化发展迅速，西部老字号受到了来自"洋快餐"和现代餐饮业的冲击，在激烈的竞争中举步维艰。如何获得优势，推进传统文化复兴，是老字号企业的重要任务之一。因此，通过技术创新来复兴老字号品牌价值，提高老字号技术创新能力，增强市场竞争力变得尤为重要。

第一节　文献回顾与研究假设

一、文献回顾

嵌入性表示企业内部或不同企业之间通过日常贸易交往等形式而形成的关联③。反映了企业在社会交往中的关系和位置，由于相互交流，深刻影响着企业的成长状况④。嵌入是一种在文化、政治、区域、社

---

① Shi X, Lu L, Wei Z, et al. Structural network embeddedness and firm incremental innovation capability: The moderating role of technology cluster [J]. Journal of Business & Industrial Marketing, 2020 (1): 7–14.

② Balmer J, Chen W. Corporate heritage brands in China: Consumer engagement with China's most celebrated corporate heritage brand–Tong Ren Tang [J]. Journal of Brand Management, 2015, 22 (3): 194–210.

③ Polanyi K. The great transformation: The political and economic origins of our time [M]. Boston, MA: Beacon Press, 1944.

④ 郭韬，李盼盼，乔晗，张春雨. 网络嵌入对科技型企业成长的影响研究——组织合法性和商业模式创新的链式中介作用 [EB/OL]. https://doi.org/10.16538/j.cnki.fem.20201216.402.

会结构等多重因素影响下，经济活动因其影响产生的一系列现象或状态①。对网络嵌入理论最有贡献的格兰诺维特以网络这个核心概念的角度，将嵌入分为关系嵌入和结构嵌入的两种类型，网络分析方法由此得到丰富②。网络嵌入理论较为深入的反映出企业所处的社会位置和关系，对企业技术创新具有显著影响。

技术创新能力的本质要求是对技术进行创新，这是技术创新能力与其他能力的关键区别。企业完成技术变革使其走向正确的能带来经济利益的轨道，更能体现出企业的技术创新能力③。

熊彼特认为，创新是生产要素的重新组合，需要具备至少以下五种能力之一：第一种是新产品或者新特性，第二种是新方法，第三种是新市场，第四种是新来源，第五种是新组织④。

艾米顿提出了技术创新能力的概念，他指出技术创新能力有三个组成部分：创造思想的能力；使用思想的能力；思想化为利润的能力⑤。

童心和于丽英研究表明，在网络嵌入背景下，知识网络对技术创新能力的获得与演进具有显著影响⑥。

秦德志等认为，技术创新能力是企业一系列学习能力的总称，包括对技术的识别、获取和创新等，是企业获得竞争优势的主要源泉，企业在创新精神的引领下提高技术创新能力，实现资源的有效配置，形成满足市场需求的新服务、新产品，从而获得竞争优势⑦。

杜俊义和冯罡认为，技术创新能力所体现的是一种变革方式，由感知

---

① Zukin，S，Dimaggio，P. Structures of capital：The social organization of theeconomy［M］. Cambridge，MA：Cambridge University Press，2015.

② Granovetter M. Economic action and social structure：The problem of embeddedness［J］. American Journal of Sociology，1985，91（3）：481–510.

③ 巩雪，刘海兵. 企业技术创新能力与开放式创新策略选择［J］. 中国科技论坛，2020（12）：54–66.

④ 熊彼特. 熊彼特经济学全集［J］. 国企管理，2019（23）：18.

⑤ 戴·艾米顿. 知识经济的创新战略——智慧的觉醒［M］. 北京：新华出版社，1974.

⑥ 童心，于丽英. 知识网络演进视角下企业技术创新能力进化及政策建议［J］. 科技进步与对策，2015，32（8）：95–100.

⑦ 秦德智，赵德森，姚岚. 企业文化、技术创新能力与企业成长——基于资源基础理论的视角［J］. 学术探索，2015（7）：128–132.

和识别机会的能力、对环境的适应能力、对资源的整合创新能力构成[①]。

通过对国内外文献的梳理发现，网络嵌入是从多个方面、不同角度分析问题的一种方式，研究网络嵌入对技术创新的影响，能够从不同维度帮助企业分析技术创新问题，并且可以加强企业的协作和管理创新，在提高创新绩效方面发挥网络嵌入的积极作用。据此，本章试图以老字号企业为例，通过研究网络关系嵌入、结构嵌入和技术创新能力与企业绩效之间的关系，探索网络嵌入和技术创新能力对企业成长绩效的影响，从而为企业发展提供新的视角。

二、研究假设

（一）网络嵌入与技术创新能力

大量文献资料发现，企业在网络中的嵌入程度会决定该企业的经济性和创新绩效。许多学者通过实证研究等方式证明了企业嵌入性与技术创新能力两者间的关系。

Wuyts 等（2005）从合作伙伴的创新程度以及与合作伙伴实现资源共享有何优势等角度分析嵌入性如何对技术创新能力产生影响的。

康淑娟和安立仁在网络嵌入背景下，技术创新能力的获取与演进受到知识网络的显著影响。依靠网络关系，企业之间可以通过资源共享、知识互补来提高技术创新能力[②]。

杨张博指出，企业在技术创新方面需要依赖许多类型的合作伙伴，如原材料供应商、消费者和渠道商等，不同类型的网络嵌入关系对技术创新能力产生的影响也会有差异[③]。

解学梅和王宏伟认为，网络嵌入可以增加企业间的接触频率、扩大合作范围、延长合作时间[④]。

基于此，企业能够及时获取外部信息、技术，发现自身不足，快速

---

① 杜俊义，冯罡.技术创新动态能力理论研究综述［J］.科技管理研究，2020，40（6）：1-6.
② 康淑娟，安立仁.网络嵌入、创新能力与知识权力——基于全球价值链的视角［J］.科学学与科学技术管理，2019，40（9）：88-100.
③ 杨张博.网络嵌入性与技术创新：间接联系及联盟多样性如何影响企业技术创新［J］.科学学与科学技术管理，2018，39（7）：51-64.
④ 解学梅，王宏伟.网络嵌入对企业创新绩效的影响机理：一个基于非研发创新的有调节中介模型［J］.管理工程学报，2020，34（6）：13-28.

根据市场需要对产品、技术进行改进、调整，可以激励企业不断创新。

因此，本章提出以下假设：

H1：网络嵌入对技术创新能力有显著影响；

H1a：结构型嵌入对技术创新能力有显著影响；

H1b：关系型嵌入对技术创新能力有显著影响。

（二）网络嵌入与企业绩效

在缺乏竞争资源和核心竞争力的背景下，网络嵌入性可以为企业技术创新带来外部信息和资源，有助于企业成长性的提升。

Letaifa 和 Goglio-Primard（2016）指出，网络嵌入可以为企业提供多元化的知识和创新资源，企业可以利用这些优势创造新的发展机会，从而实现快速成长[①]。

陶秋燕和孟猛猛（2017）研究表明，高强度的网络嵌入性能促进企业成长，为企业创造更多的发展机会，尤其在科技高速发展的背景下，网络嵌入性对企业绩效的影响更加显著[②]。

康淑娟和安立仁（2019）指出，网络嵌入的结构维度和关系维度均有助于企业获取知识资源，对企业绩效均有显著影响。如果企业占据网络的中心位置，则能够获取更多的知识资源，有助于企业提高管理水平，增强创新研发实力，获得较高投资效率，促进企业成长。

李靖华和黄继生（2017）研究表明，网络成员合作度越高联系越密切，能够获取的知识和异质性资源越多，合作伙伴传递和共享资源的能力越强，能够促进企业快速成长[③]。

因此，本章提出以下假设：

H2：网络嵌入对企业绩效具有显著影响；

H2a：结构嵌入对企业绩效具有显著影响；

H2b：关系嵌入对企业绩效具有显著影响。

---

① Letaifa S B, Goglio-Primard K. How does institutional context shape entrepreneurship conceptualizations?［J］. Journal of Business Research, 2016, 69（11）: 5128-5134.

② 陶秋燕，孟猛猛. 网络嵌入性、技术创新和中小企业成长研究［J］. 科研管理，2017, 38（S1）: 515-524.

③ 李靖华，黄继生. 网络嵌入、创新合法性与突破性创新的资源获取［J］. 科研管理，2017, 38（4）: 10-18.

（三）技术创新能力与企业绩效

技术创新能力是企业发展的核心动力，企业的成长性离不开技术创新的驱动。

Barney 认为，技术创新能力可以帮助企业获得竞争优势，增强企业的核心竞争力，使企业在复杂的市场环境中获得一定优势，进而提升企业的盈利能力[①]。

近年来，学者们对于技术创新能力与绩效之间的关系进行了大量研究，虽然研究方法不尽相同，但大多数学者认为二者之间呈正相关关系。

单春霞等选择了 2013 ~ 2015 年 581 家中小板企业的数据进行实证研究，得出技术创新能力对企业绩效有积极作用，企业成长性进一步增强技术创新能力与企业绩效之间的正相关关系[②]。

刘胜楠和杨世忠选取 2956 家企业数据为研究样本，得出上市公司的研发投入和专利数量有助于提升企业绩效，董事会会议和高管持股会议正向调节了二者之间的关系[③]。

因此，本章提出以下假设：

H3：技术创新能力的提升对企业绩效有显著影响。

（四）技术创新能力的中介效应

社会网络是与企业经营活动有关的各类经营主体，是企业生存和发展的基础。嵌入其中的企业通过交易获得社会网络的资源和信息，促进了企业绩效的提升。从经营结果看，只有具有技术创新能力的企业才能通过嵌入网络获得经营绩效。

Guo 等认为，网络嵌入性可以为企业提供获取知识与技术资源的机会，通过技术创新能力的提升，微调或改进产品、技艺，为战略技术开发提供灵活性，进而影响企业绩效[④]。

① Barney. Resource-based theories of competitive advantage：A ten-year retrospective on the resource-based view ［J］. Journal of Management . 2001（6）：7-14.

② 单春霞，仲伟周，张林鑫. 中小板上市公司技术创新对企业绩效影响的实证研究——以企业成长性、员工受教育程度为调节变量［J］. 经济问题，2017（10）：66-73.

③ 刘胜楠，杨世忠. 技术创新能力对企业绩效的影响研究——基于高管持股和董事会会议强度的调节效应［J］. 财会通讯，2019（33）：43-46，61.

④ Guo Y，Zhen G，Liu F. Non-R&D-based innovation activities and performance in Chinese SMEs：The role of absorptive capacity ［J］.Asian Journal of Technology Innovation，2020，25（1）：1-19.

康淑娟和安立仁的研究中揭示了技术创新能力的中介作用。

解学梅和王宏伟研究认为，网络嵌入的结构嵌入和关系嵌入两个维度，都和创新绩效有着密切联系，并且技术创新能力在这一关系中发挥中介作用。

因此，本章提出以下假设：

H4：技术创新能力对网络嵌入与企业绩效有中介作用。

由此，本章提出理论模型如图5-1所示。

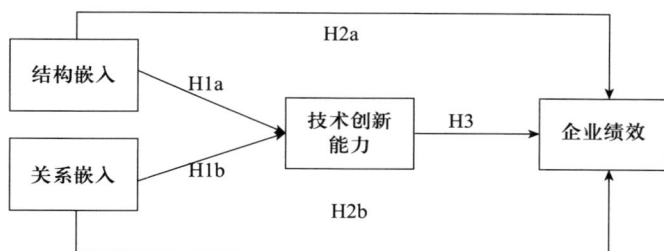

图5-1 假设结构模型

第二节 量表设计与数据分析

本章先利用SPSS 22.0对调查问卷进行信度、效度检验，通过了组成关系并进行相关性及回归分析。再利用AMOS 24.0构建以技术创新作为中介变量，网络嵌入对企业绩效的影响模型，并对影响路径进行分析。

一、量表设计

本章选择题项均采用李克特五级评分量表，通过设计网络嵌入、技术创新能力和企业绩效等量表反映被调查者对问题的态度。调查量表是在成熟的量表基础上，参考经典文献和现实情况制作的。其中，网络嵌入变量借鉴Karimi和Walter（2016）的对网络嵌入的测量方式，分别从结构嵌入与关系嵌入两方面测度。关系嵌入采用网络成员之间的信任度、合作的持久性、联系的频率等指标测量；结构嵌入采用网络密度、网络规模与网络中心性等指标测量。共计14个题项（见表5-1）。技术创新能力变量借鉴了郭海和沈睿（2014）、Azubuike（2015）对技术创新能力的测量方式，从企业价值观念、技术水平、专利技术等角度设置，共计12个题项。企业绩效变量借鉴Murray和

Kotabe（1999）、Atuahene Gima（2003）对企业绩效的测量方式，从销售收入、市场份额、企业知名度等角度设置，共计6个题项（见表5-2）。

表 5-1　网络嵌入量表

序号	题项	完全不符合	不符合	不肯定	符合	十分符合
A1	顾客所具备的产品知识对甘宁青地区老字号品牌进化的影响比较大	1	2	3	4	5
A2	顾客所具备的产品质量知识对甘宁青地区老字号品牌进化的影响比较大	1	2	3	4	5
A3	顾客掌握的产品制造工艺技术知识影响甘宁青地区老字号品牌进化	1	2	3	4	5
A4	顾客所具备的消费经验对甘宁青地区老字号品牌进化的影响比较大	1	2	3	4	5
A5	顾客所具备的个性化知识对甘宁青地区老字号品牌进化的影响比较大	1	2	3	4	5
A6	顾客的清真食品专门知识对甘宁青地区老字号品牌进化的影响比较大	1	2	3	4	5
A7	顾客对餐饮企业形象认知显著影响甘宁青地区老字号品牌进化	1	2	3	4	5
A8	顾客对品牌服务知识的了解对甘宁青地区老字号品牌进化的影响比较大	1	2	3	4	5
A9	顾客的地方饮食文化专门知识对甘宁青地区老字号品牌进化影响比较大	1	2	3	4	5
A10	顾客口碑对甘宁青地区老字号品牌进化的影响比较大	1	2	3	4	5

续表

序号	题项	完全不符合	不符合	不肯定	符合	十分符合
A11	顾客对品牌来源地知识的了解显著影响甘宁青地区老字号的品牌进化	1	2	3	4	5
A12	品牌在消费市场的知名度对甘宁青地区老字号品牌进化的影响比较大	1	2	3	4	5
A13	品牌在消费市场的良好信誉对甘宁青地区老字号品牌进化的影响比较大	1	2	3	4	5
A14	顾客的面子消费对甘宁青地区老字号品牌进化的影响比较大	1	2	3	4	5

表 5-2　技术创新量表

序号	题项	完全不符合	不符合	不肯定	符合	十分符合
B1	企业员工拥有共同的经营理念和价值观对甘宁青地区老字号品牌进化有较大影响	1	2	3	4	5
B2	企业员工拥有共同的工作语言对甘宁青地区老字号品牌进化有较大影响	1	2	3	4	5
B3	企业员工技术水平对甘宁青地区老字号品牌进化有较大影响	1	2	3	4	5
B4	企业员工工作经验对甘宁青地区老字号品牌进化有较大影响	1	2	3	4	5
B5	企业员工培训对甘宁青地区老字号品牌进化有较大影响	1	2	3	4	5

续表

序号	题项	完全不符合	不符合	不肯定	符合	十分符合
B6	企业管理制度对甘宁青地区老字号品牌进化有较大影响	1	2	3	4	5
B7	企业管理人员的知识和经验对甘宁青地区老字号品牌进化有较大影响	1	2	3	4	5
B8	企业高层前瞻性知识对甘宁青地区老字号品牌进化有较大影响	1	2	3	4	5
B9	企业专利、商业机密和秘方对甘宁青地区老字号品牌进化有较大影响	1	2	3	4	5
B10	独特的企业文化对甘宁青地区老字号品牌进化有较大影响	1	2	3	4	5
B11	企业内部图书信息资讯对甘宁青地区老字号品牌进化有较大影响	1	2	3	4	5
B12	企业员工内部知识交流对甘宁青地区老字号品牌进化有较大影响	1	2	3	4	5
Y1	通过品牌进化管理公司品牌市场份额比较大	1	2	3	4	5
Y2	通过品牌进化管理公司品牌销售收入增长比较快	1	2	3	4	5
Y3	通过品牌进化管理公司品牌盈利能力比较强	1	2	3	4	5
Y4	通过品牌进化管理公司品牌知名度比较高	1	2	3	4	5
Y5	通过品牌进化管理公司的品牌美誉度比较高	1	2	3	4	5
Y6	通过品牌进化管理公司的顾客口碑比较高	1	2	3	4	5

二、数据来源

为深入分析网络嵌入与企业绩效的关系，课题组先将问卷在研究生和本科学生中发放，进行预调研，然后根据反馈的结果对部分问题进行修正，最终形成问卷。本问卷在甘肃兰州、平凉，青海西宁，宁夏银川、吴忠等几个城市选择了宁夏迎宾楼、平凉春华楼、兰州唐汪手抓等30多家老字号企业作为研究对象。

三、数据分析

（一）信度与效度检验

本次采用先和老字号企业的中高管理层人员进行深入访谈，然后在管理者和基层员工中发放问卷进行问卷调查的形式。此次调查一共收回问卷282份，扣除其中回答雷同、回答不完整的无效问卷，最终得到有效问卷255份，问卷的有效率为90%。由表5-3的统计结果可知，被调查对象主要集中在30～50岁，占比为52.5%；少数民族人数占比较大，占总样本比例为81.1%；从学历来看，高中或专科学历占总样本的45.1%，样本中本科及以上学历人员有17.6%；调查对象职位分布比较均匀，具有普遍代表性。该问卷调查范围比较广泛，占比较为合理，非常符合本书的研究要求。

表5-3　样本的人口统计特征

统计变量	测量项目	百分比	频数
年龄	50岁以上	12.5	32
	30～50岁	52.5	134
	30岁以下	34.9	89
民族	汉族	18.8	48
	回族	72.9	186
	其他少数民族	8.2	21
学历	本科及以上	17.6	45
	高中或专科	45.1	115
	初中及以下	37.3	95

统计变量	测量项目	百分比	频数
职位	高层管理人员	21.2	54
	中层管理人员	25.1	64
	基层管理人员	20.0	51
	普通员工	33.7	86

为保证数据的可靠性，本章运用 SPSS 22.0 对问卷的信度进行检验。本量表包括 4 个维度，32 个观测变量，从信度系数来看，关系嵌入、结构嵌入、技术创新能力、企业绩效的克朗巴哈系数均在 0.7 以上，并且总量表的克朗巴哈系数在 0.9 以上，说明本问卷的可靠性较高。如表 5-4 所示。

表 5-4　量表的信度检验

量表	Cronbach's α	N	项数
关系嵌入量表	0.804	255	8
结构嵌入量表	0.721	255	6
技术创新能力量表	0.858	255	12
企业绩效量表	0.738	255	6
总量表	0.958	255	32

本章使用 SPSS 22 对问卷进行效度检验，如表 5-5 所示，KMO 值为 0.874，Bartlett 的球形检验的近似卡方为 8716.253，自由度为 1596（p < 0.001），达到显著性水平，说明问卷具有较强的相关性，有着良好的结构效度。

表 5-5　KMO 和 Bartlett 的球形检验

KMO 取样适切性量数		0.874
Bartlett 的球形检验	近似卡方	8716.253
	自由度	1596
	显著性	0.000

（二）各变量相关性及回归分析

1. 相关性分析

相关分析的目的是检验子假设和自变量之间的相关性，是进行回归分析的前提。本章的回归分析使用 SPSS 22.0 来验证，发现所有变量间的系数均存在显著相关性，适合进行线性回归分析。如表 5-6 所示。

表 5-6　相关性分析

		网络嵌入	技术创新能力	企业绩效
网络嵌入	皮尔逊相关性	1	0.151	0.121
	Sig.（双尾）	—	0.016	0.054
	个案数	255	253	253
技术创新能力	皮尔逊相关性	0.151	1	0.160
	Sig.（双尾）	0.016	—	0.011
	个案数	253	254	252
企业绩效	皮尔逊相关性	0.121	0.160	1
	Sig.（双尾）	0.054	0.011	—
	个案数	253	252	254

2. 回归分析

（1）网络嵌入与技术创新能力回归分析。将关系嵌入和结构嵌入作为回归分析中的自变量，将技术创新能力作为因变量，所得出的检测结果发现可以建立线性模型。数据如表 5-7 所示，结构嵌入与技术创新能力显著相关（$\beta = 0.415$，$p < 0.001$）；关系嵌入与技术创新能力显著相关（$\beta = 0150$，$p < 0.001$），假设 H1、H1a、H1b 得到验证。

表 5-7　网络嵌入与技术创新能力的回归分析

模型	R	R^2	调整后 R^2	标准估算错误	F	显著性
1	0.415[a]	0.173	0.169	0.91	52.365	0.000[b]
2	0.442[b]	0.195	0.189	0.90	30.322	0.000[c]

注：a. 因变量：技术创新能力；b. 预测变量：（常量），结构嵌入；c. 预测变量：（常量），结构嵌入，关系嵌入。

（2）网络嵌入与企业绩效回归分析。将关系嵌入和结构嵌入作为回归分析中的自变量，将企业绩效作为因变量，所得出的检测结果发现可以建立线性模型。数据如表 5-8 所示，结构嵌入与企业绩效显著相关（β=0.387，p < 0.001），关系嵌入与企业绩效显著相关（β=0.120，p < 0.001）。假设 H2、H2a、H2b 得到验证。

表 5-8　网络嵌入与企业绩效的回归分析

模型	R	R^2	调整后 R^2	标准估算错误	F	显著性
3	0.387[a]	0.150	0.147	0.91	44.335	0.000[b]
4	0.406[b]	0.165	0.158	0.90	24.694	0.000[c]

注：a. 因变量：企业绩效；b. 预测变量：（常量），结构嵌入；c. 预测变量：（常量），结构嵌入，关系嵌入。

（3）技术创新能力与企业绩效回归分析。将技术创新能力作为回归分析中的自变量，将企业绩效作为因变量，所得出的检测结果发现可以建立线性模型。数据如表 5-9 所示，技术创新能力与企业绩效显著相关（β=0.429，p < 0.001）。假设 H3 得到验证。

表 5-9　技术创新能力与企业绩效的回归分析（一）

模型	R	R^2	调整后 R^2	标准估算错误	F	显著性
5	0.415[a]	0.172	0.169	0.971	52.281	0.000[b]

注：a. 因变量：企业绩效；b. 预测变量：（常量），技术创新能力。

（4）技术创新能力的中介效应分析。引入技术创新能力为中介变量，有助于更好地剖析网络嵌入对企业绩效的影响效应，可以更加深入地揭示其影响机制。假设 X 为自变量，Y 为因变量，M 为中介变量。Kenny 和 Baron（1986）认为中介效应的检验效果应该同时满足以下条件：X 显著影响 Y；X 显著影响 M；M 显著影响 Y；M 与 X 都同时进入回归方程时，若 X 对 Y 的影响系数显著性下降，说明 M 起到部分中介作用，若 X 对 Y 的影响系数显著性消失，则说明 M 起到完全中介作用。

技术创新能力与企业绩效的回归分析如表 5-10 所示。

表 5-10 技术创新能力与企业绩效的回归分析（二）

模型	R	R^2	调整后的 R^2	标准估算错误	F	β	显著性
6	0.116^a	0.013	0.010	0.99	3.399	0.115	0.016
7	0.185^a	0.034	0.026	0.98	5.329	0.144	0.138

注：a. 因变量：企业绩效；b. 预测变量：（常量），网络嵌入；c. 预测变量：（常量），网络嵌入，技术创新能力

以上为中介效应的检测结果，模型 4 为引入中介变量前，模型 5 为引入中介变量后。由表可见，技术创新能力作为中介变量进入后的 R、R^2、调整后的 R^2，有所降低。但是显著性由模型 4 的显著（β=0.115，$p < 0.05$）变为了模型 5 的不显著（β=0.144，p=0.138），技术创新能力的中介效应得到验。假设 H4 得到验证。

（三）模型构建

社会网络嵌入对企业绩效的影响，可以从关系嵌入和结构嵌入两个角度分析，但网络嵌入不能直接对企业绩效产生影响，因此我们引入技术创新能力作为中介变量探索网络嵌入对企业绩效的影响路径。模型如图 5-2 所示。

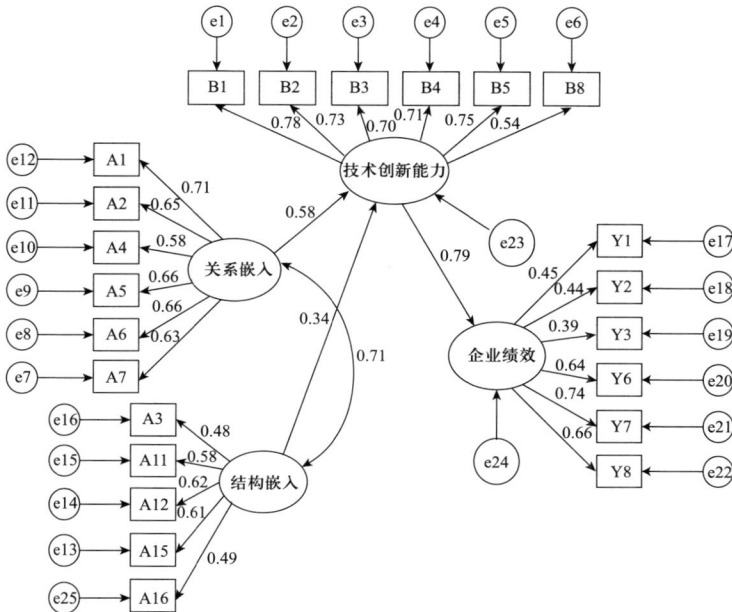

图 5-2 网络嵌入、技术创新能力与企业绩效模型

运用软件 AMOS 24.0 基于以上数据模型进行拟合度测算，得到的拟合度指标符合判别标准，测算结果如表 5-11 所示：

表 5-11 模型的拟合效果

模型	绝对拟合指数			相对拟合指数			简约拟合指数		
8	CFI	CMIN	RMSEA	IFI	NFI	TLI	PCFI	PNFI	CMIN/ DF
	0.757	803.445	0.101	0.760	0.696	0.726	0.671	0.726	3.587

四、结果讨论

根据表 5-11 对模型的拟合指标进行计算，并对计算结果进行进一步分析，得到的检验结果如表 5-12 所示：

表 5-12 检验结果

序号	路径	路径系数	标量估计	临界比	显著性水平	对应假设	检验结果
1	技术创新能力←结构嵌入	0.471	0.141	3.339	***	H1a	支持
2	技术创新能力←关系嵌入	0.636	0.133	4.780	***	H1b	支持
5	企业绩效←技术创新能力	0.254	0.079	3.200	**	H3	支持

注：**、*** 分别表示 p 值在 0.05、0.01、0.001 水平上显著。

（一）网络嵌入与技术创新能力的结果分析

根据模型测算，关系嵌入对技术创新能力的影响路径系数为 0.636（$p < 0.001$），结构嵌入与技术创新能力的路径系数是 0.471（$p < 0.001$），表明网络嵌入对技术创新能力具有显著影响。杨保军研究证明，企业将在生产、经营过程中取得的知识资源进行改良与整合，可以产生对企业及市场有价值的新产品、创意、服务、工艺等[①]。

研究社会网络嵌入对创新能力提升的机制可以有效推进企业成长。也就是说，老字号企业需要在巩固原有客户的基础上，进一步吸引新兴消费群体，与上下游企业及客户保持密切交流，实现信息共享，稳固老老字号企业的品牌优势。输出员工到其他企业培训、传承本企业的传统

---

① 杨保军. 网络嵌入、双元能力与老字号企业成长绩效研究［J］. 北方民族大学学报，2020（4）：56-62.

文化及专利技术等方式可以提高企业的技术创新能力。

（二）技术创新能力与企业绩效的结果分析

通过模型测算，技术创新能力对企业绩效的影响路径系数为0.254（p < 0.01），测量系数偏低，但仍然可以证明技术创新能力对企业绩效具有一定的影响。单春霞等通过实证研究方式验证了技术创新能力对企业绩效的积极作用，说明了技术创新能力与企业绩效之间有正相关关系[①]。这说明加强研发，增加专利数量等提高技术创新能力的方式会对老字号企业绩效起到一定的推动作用，在同行中获得一些竞争优势。但测量系数偏低也反映出单方面增强技术创新能力并不能直接达到提高企业绩效的目的，创新研发不能立竿见影，而是需要一个长期的过程才能实现对企业绩效的贡献。

第三节　结论与启示

老字号企业作为中华传统文化的一分子，其品牌发展、创新和企业成长体现着传统文化的传承与发展，有着重要的文化价值、经济价值和历史意义。技术创新能力是企业成长的核心来源。为深入探究老字号企业的内在价值和品牌成长的驱动因素，本章构建了网络嵌入、技术创新能力与企业绩效模型，自变量是关系嵌入、结构嵌入，技术创新能力中间变量，因变量是企业绩效。

研究结果发现如下：

（1）社会网络对老字号企业发展有深刻影响。社会网络的嵌入可以使老字号企业与供应商、合作伙伴、顾客的关系更加密切，形成高效的信息网络；民族文化、政治文化、区域文化的融入会推动老字号企业的发展。

（2）技术创新能力对老字号企业绩效有正向影响。老字号企业申请专利技术、利用互联网大数据开启新一代营销模式等创新活动有助于促进老字号品牌价值提升，从而提高企业绩效。企业研发活动投入水平会

---

① 单春霞，仲伟周，张林鑫.中小板上市公司技术创新对企业绩效影响的实证研究——以企业成长性、员工受教育程度为调节变量［J］.经济问题，2017（10）：66–73.

影响对品牌价值的作用效果，投入越多，影响效果越大。但研发的作用具有滞后性，需要一个长期的过程才能对企业绩效产生影响。

由此，得出如下启示：

（1）社会网络对老字号企业发展有深刻影响，要有效利用社会网络资源，在长期的市场竞争中，通过网络嵌入性来获取企业所需信息，实现资源互补，在激烈的竞争中取得有利地位。首先，要加强关系嵌入，维系与供应商、中间商、客户等之间的紧密关系，实现信息互通、资源共享；其次，要加强结构嵌入，结合政治文化、区域文化、政府政策等因素，把企业融入网络中，不断稳固老字号企业的品牌优势，提高企业竞争力。

（2）技术创新能力对老字号企业绩效有正向影响，要加大研发投入。老字号企业在品牌经营过程中，不仅要注重历史文化，保持品牌独特性，还应着眼于创新发展，转变生产经营理念和方式，提升产品质量，推动老字号企业发展。老字号企业在创新资本不充足的情况下，可以考虑通过适度融资的方式获取研发资本进行创新活动。因研发创新具有滞后性，企业在经营过程中需要具备长远的投资眼光，筛选并坚持有效的研发投入。同时，企业要紧跟时代步伐，把握新的消费趋势，借助网络资源不断创新突破，实现品牌长青化使命。

第六章 网络嵌入、品牌进化与老字号企业成长绩效实证研究

人生工作结果＝思维方式 × 热情 × 能力

——稻盛和夫

【本章导读】著名的战略管理大师迈克尔·波特认为：战略的本质就是定位、取舍和建立活动之间的一致性。竞争战略就是创造有利地位。企业创造有利地位以获得竞争优势是其目标，但前提需要有明确的定位和执行的能力。在网络嵌入背景下，企业与相关利益者相互联系形成了社会网络位置，基于对顾客的调研和对自身优势及劣势进行分析，企业将会形成对自身的定位，从而建立起清晰的企业形象和品牌形象，并伴随着市场的变化而不断演化。通过分析嵌入社会网络中的老字号品牌进化关系，可以探索老字号品牌进化的路径和方向，为企业发展提供重要的借鉴。

在经济全球化、一体化成为大趋势的环境下，企业间网络化已成为必然趋势。网络嵌入是当前企业接触和获得外部资源的一种重要手段，可以让老字号企业获得更多的信息与资源。因此，企业与供应商、消费者或其他利益相关者间建立强有力的伙伴关系，通过资源共享获得市场信息、行业技术开发信息，建立合作与互信从而促进其品牌的进化。通过对老字号企业的技术、产品、服务、市场、营销、商业模式等方式进

行创新发展，可以进一步实现品牌活化 ①②。

　　数据显示，解放初期约有 8000 家老字号企业，但商务部在《中华老字号企业名录》中仅公布了 1128 家 ③，许多因治理不善而濒临破产的企业不在少数。其中，品牌缺乏独特性、缺乏品牌效应是主因 ④。当前老字号市场中，仅有 10% 的企业经营状况相对乐观，70% 的企业处境十分艰难，20% 的企业只能做到勉强维持。老字号品牌普遍面临着品牌老化和品牌衰退的问题。"加快构建以国内大循环为主体、国内国际双循环相互促进的新发展格局"为老字号创新发展提供了大好良机，同时也对老字号企业提出了更高的要求。但是，伴随着新冠肺炎疫情的冲击和中美贸易争端加剧，老字号企业遇到了新的困难与挑战。因此，面对复杂的社会网络，老字号企业如何促进品牌进化以实现企业绩效的增长，日益成为企业品牌运营的重要问题。

第一节　文献回顾与研究假设

一、网络嵌入与品牌进化

　　经济活动行为嵌入社会网络并受其影响。社会网络理论指出，每个企业都处在一个由竞争对手、合作伙伴、供应商和客户组成的复杂且动态的社会网络中。Granovetter 将嵌入型分为"关系性嵌入"和"结构性嵌入"⑤。之后，Zukin 和 DiMaggio 在 Granovetter 的基础上扩展了网络嵌入性的概念。他认为"网络嵌入性是指社会结构、认知、文化和制度对经济活动行为的影响"⑥。这与学者 Nahapiet 和 Ghoshal 的观点是一致的，认

---

　　① Lehu J M. Back to life! Why brands grow old and sometimes die and what managers then do: An exploratory qualitative research put into the French context [J]. Journal of Marketing Communications, 2004, 10 (2): 133–152.

　　② 何佳讯, 李耀. 品牌活化原理与决策方法探窥——兼谈我国老字号品牌的振兴 [J]. 北京工商大学学报（社会科学版）, 2006, 21 (6): 50–55.

　　③ 张继焦, 丁忠敏, 黄忠彩. 中国"老字号"企业发展报告 [M]. 北京: 社会科学文献出版社, 2011.

　　④ 王焱, 赵红, 赵宇彤. 品牌重叠概念与机理研究 [J]. 管理评论, 2013, 25 (11): 156–162.

　　⑤ Granovetter. Economic action and social structure: The problem of embeddedness [J]. American Journal of Sociology, 1985 (91): 481–510.

　　⑥ Zukin S., DiMaggio P.Structures of capital: The social organization of economy [M]. Cambridge MA: Cambridge University Press, 1990.

为企业内部间的交流会产生认知层面的联系，进而影响经济活动行为[①]。Uzzi 提出，网络嵌入是针对市场机制的系统[②]。然而，Halinen 和 Tomroos 认为，嵌入性是企业之间形成的各种类型网络关系[③]。因此，不同学者从不同的角度对网络嵌入有不同的定义，但是，对于网络嵌入本质的认知是一样的，也就是说，网络嵌入是对社会关系、对结构或认知对经济活动行为的影响。

品牌的进化除了企业受自身情况的影响，还受所嵌入网络的影响。网络嵌入对品牌进化影响主要是从网络嵌入中的结构、关系和认知嵌入三个维度，而且不同类型的网络嵌入性对品牌进化的影响有所差异。

杨保军以老字号企业为研究对象，通过实证研究得出，关系嵌入对品牌进化有显著影响，结构嵌入和认知嵌入对品牌进化的影响不显著[④]。

张强和李晓彤以制造企业为研究对象，认为关系嵌入、结构嵌入和认知嵌入的程度越高，制造企业提出新思想、推出新产品的优势就越大。从产品功能效用的角度提升品牌价值，提升产品利益相关者的品牌认知，进而从认知效用的角度提升品牌价值[⑤]。

陈志军和张强通过实证研究得出，关系嵌入促进了企业与合作伙伴的双赢目标，加强了创新，提高产品的功能效率。关系嵌入程度越深，企业品牌价值越高。结构嵌入对利益相关者感知产品质量和认同的正向影响越大。结构嵌入程度越深，企业品牌价值越高。总之，网络嵌入对品牌进化有重要影响[⑥]。

因此，本章提出以下假设：

①　Nathalie J., Ghosh L, S.Social capital, intellectual capital, and the organizational advantage [J]. Academy of Management Review, 1998, 23（2）: 242–266.

②　Uzzi B.Social structure and competition in interfirm networks: The paradox of embeddedness. [J]. Administrative Science Quarterly, 1997, 42（1）: 35–67.

③　Halinen A, Tomroos.The role of embeddedness in the evolution of business network [J]. Scandinavian Journal Management, 1998, 14（3）: 187–205.

④　杨保军.网络嵌入、双元能力与老字号企业成长绩效研究 [J].北方民族大学学报，2020（4）: 56–62.

⑤　张强，李晓彤.网络嵌入对制造业企业品牌价值影响机理与作用边界的整合 [J].北京理工大学学报（社会科学版），2018, 20（3）: 90–97.

⑥　陈志军，张强.品牌构建导向下制造业企业网络嵌入的价值悖论——基于战略一致性的边界作用 [J].东岳论丛，2018, 39（2）: 67–76+191–192.

H1：网络嵌入对品牌进化具有显著影响；

H1a：关系嵌入对品牌进化具有显著影响；

H1b：结构嵌入对品牌进化具有显著影响；

H1c：认知嵌入对品牌进化具有显著影响。

二、品牌进化与企业成长绩效

品牌进化对企业成长起着重要的作用。品牌进化的差异化特征最终都体现在企业的成长绩效上。

张瑞林等对冰雪运动进行了探讨，认为冰雪运动品牌进化对冰雪运动品牌进化绩效的正向影响具有重要意义[①]。

杨皖苏等基于企业创新视角，从 196 家企业调查的样本数据中得出，品牌导向的企业创新正向影响企业绩效。在品牌演进的过程中，随着企业对内外部知识的吸收，客户需求不断变化，从而提高了品牌的市场占有率、品牌知名度、品牌利润和销售额的增长。因此，品牌在市场中所获得的绩效与品牌进化密切相关[②]。

杨保军通过实证研究得出：企业通过内部知识的交流和共享以及外部知识的获取，使得企业实现了内部技术与管理知识的传承，外部经验和知识形成企业品牌管理的关键竞争力，从而提升营销绩效[③]。

因此，本章提出以下假设：

H2：品牌进化对企业成长绩效具有显著影响。

三、网络嵌入与企业成长绩效

田红云等利用元分析法，发现网络嵌入与企业成长绩效正相关[④]。

崔海云和魏国辰以物流企业为例，指出结构性嵌入有利于提高企业

---

① 张瑞林，李凌，王恒利.冰雪体育赛事品牌管理与品牌进化绩效的探析［J］.体育学研究，2018，1（2）：45-56.

② 杨皖苏，殷丛丛，杨善林.品牌导向与企业绩效关系的实证研究——企业创新能力与社会环境信任度的中介和调节检验［J］.企业经济，2016，35（11）：20-25.

③ 杨保军.企业内部知识共享、品牌进化与营销绩效实证研究［J］.科技管理研究，2018，38（19）：159-164.

④ 田红云，贾瑞，刘艺玲.网络嵌入性与企业绩效关系文献综述——基于元分析的方法［J］.商业研究，2017（5）：129-136.

成长绩效。在社会网络中，企业资源丰富，占有良好的位置，则更容易获得企业所需要的关键性资源和信息，企业利用这些资源与信息获得竞争优势，从而提高绩效[①]。

蔡薇以商贸流通企业为研究对象，指出网络嵌入与商贸流通企业经营绩效间存在着间接和直接的相关性[②]。

胡查平和冉宪莉指出，制造业企业知识密集型服务网络嵌入将有助于企业获取外部服务创新知识，进而实现企业绩效的提高[③]。

因此，本章提出以下假设：

H3：网络嵌入对企业成长绩效具有显著影响；

H3a：关系嵌入对企业成长绩效有显著影响；

H3b：结构嵌入对企业成长绩效有显著影响；

H3c：认知嵌入对企业成长绩效有显著影响；

H4：品牌进化在网络嵌入与企业成长绩效间有中介作用。

由此，本章提出理论模型如图 6-1 所示。

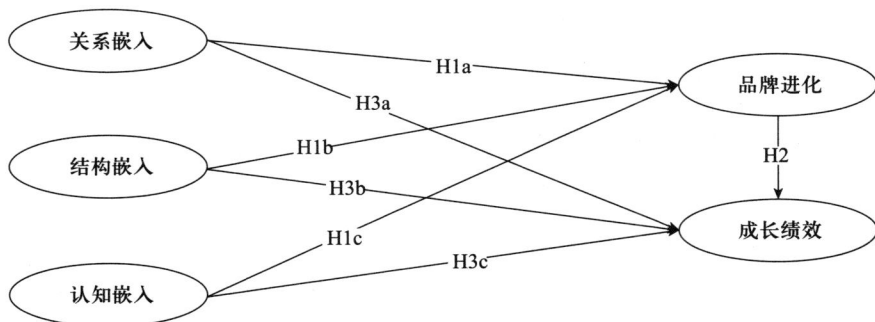

图 6-1　网络嵌入、品牌进化与成长绩效理论模型

① 崔海云，魏国辰.创新网络嵌入、外部知识获取与物流企业市场绩效关系［J］.中国流通经济，2017，31（1）：41-47.

② 蔡薇.网络嵌入、商业模式优化与商贸流通企业绩效关系研究［J］.商业经济研究，2021（8）：102-105.

③ 胡查平，冉宪莉.环境压力、制造企业知识密集服务网络嵌入与企业绩效［J］.技术经济，2020，39（9）：207-215.

第二节 研究设计与数据分析

一、量表设计

本章基于李克特量表的特点和国内外已有相关文献的研究成果，设计了三大模块共 40 个题项。

第一模块关于网络嵌入，主要从关系嵌入、结构嵌入、认知嵌入三个维度度量，本章将网络嵌入作为自变量，量表设计参考 Freeman 的经典量表[①]，刘兰剑和司春林[②]的量表，并且结合研究对象和研究需求对量表略作调整。

第二模块式是关于品牌进化，品牌进化是促进企业成长的关键因素之一，本章将品牌进化作为中介变量，量表设计参考了梅里利斯、摩尔等的关于品牌进化的量表。

第三模块是成长绩效，作为本研究的因变量，采纳了 Atuahene Gima[③] 的绩效量表，并为结合本研究做了相关的修改。

二、行业选择与数据收集

本问卷选择西北地区甘宁青地区老字号相对集中的地区 30 多家老字号企业为研究对象。例如，兰州唐汪手抓、宁夏敬义泰、西宁泉尔头等。本次调研以问卷的方式对老字号企业的中高级管理人员和基层员工进行问卷调查。共收集问卷 281 份，有效问卷 256 份，问卷有效率为 85%。

样本的基本特征统计如表 6-1 所示。年龄 30 ~ 50 岁的样本占总样本的 52.0% 左右；约 82.0% 的样本为少数民族样本，与本章的研究相

---

① Freeman LC. A Set of measures of centrality based upon betweenness [J]. Sociometry，1979（40）：35 –41.

② 刘兰剑，司春林.网络嵌入性、跨组织学习与技术创新：几个变量的测度 [J].现代管理科学，2011（10）：24-27.

③ Atuahene Gima K. The effects of centrifugal and centripetal forces on product development speed nad quality：How does problem solving matter [J]. Academy of Management Journal，2003，46（3）：359-373.

对应；受教育程度中大学及以上的人员占样本总数的 18%；所调查的群体中总体职位人数比例分布较为均匀。因此，样本在各方面的分布合理，可以展开研究。

表 6-1 样本的基本特征统计

统计变量	具体项目	百分比	频数
性别	男	57	146
	女	43	110
年龄	30 岁以下	35.1	90
	30 ~ 50 岁	52.0	133
	50 岁以上	12.9	33
民族	回族	73.4	188
	汉族	19.1	49
	其他少数民族	7.4	19
职位	普通员工	34.0	87
	基层管理人员	19.5	50
	中层管理人员	24.6	63
	高层管理人员	21.9	56
学历	初中及以下	36.7	94
	高中或专科	45.3	116
	大学及以上	18	46

三、量表的信度与效度分析

本书量表由三大模块 40 个课题组成，利用软件 SPSS 24.0 进行分析，总量表 Cronbach's α 值在 0.9 以上，各因子层面的 Cronbach's α 值均在 0.7 以上（见表 6-2），表明样本数据具有较好的信度，说明该问卷具有可靠性。

表 6-2 量表的信度检验

量表	项数	Cronbach's α	N
影响因素量表	14	0.885	256

量表	项数	Cronbach's α	N
品牌进化量表 1	8	0.796	256
品牌进化量表 2	10	0.852	256
成长绩效量表	8	0.737	256
总量表	40	0.940	256

利用 SPSS 24.0 软件对样本数据的 KMO 和 Bartlett 系数进行检验，结果如表 6-3 所示，KMO 值为 0.883>0.8，Bartlett's 球形检验的 χ^2 值为 4985.004（自由度 780），达到显著性水平（p=0.000<0.01），说明具有较好的效度，适合进行因子分析。

表 6-3 KMO 和 Bartlett 的检验

取样足够度的 Kaiser-Meyer-Olkin 度量		0.883
Bartlett 的球形检验	近似卡方	4985.004
	df	780

四、各变量相关性及回归分析

（一）网络嵌入与品牌进化回归分析

在回归分析中，将关系嵌入、结构嵌入、认知嵌入作为自变量，品牌进化作为因变量，结果如表 6-4 所示，指标符合线性关系，可以建立线性模型 1。且数据显示（ β =0.784，p<0.001）网络嵌入与品牌进化显著相关。假设 H1 得到初步验证。

表 6-4 网络嵌入与品牌进化的回归分析

模型	R	R^2 调整	标准 R^2	估计误差	F	Sig.
1	0.713	0.507	0.509	0.432	259.931	0.000

（二）品牌进化与企业绩效回归分析

在回归分析中，将品牌进化作为自变量，成长绩效作为因变量，结果如表 6-5 所示，指标符合线性关系，可以建立线性模型 2，且数据显示（ β =0.629，p<0.001）品牌进化与企业绩效显著相关。假设 H2 得到初步验证。

表 6–5 品牌进化与企业绩效回归分析

检测模型	R	R^2 调整	标准 R^2	估计误差	F	Sig.
2	0.608	0.367	0.370	0.509	147.772	0.000

（三）网络嵌入与企业成长绩效回归分析

在回归分析中，将网络嵌入作为自变量，成长绩效作为因变量，结果如表 6–6 所示，指标符合线性关系，可以建立线性模型 3，且数据显示（β =0.675，p<0.001）网络嵌入与企业绩效呈显著相关。假设 H3 得到初步验证。

表 6–6 网络嵌入与企业与绩效回归分析

检测模型	R	R^2 调整	标准 R^2	估计误差	F	Sig.
3	0.593	0.349	0.351	0.516	137.010	0.000

（四）品牌进化的中介效应分析

本章使用 Baron 和 Kennyde 的三步骤检验法。第一步验证网络嵌入与品牌进化的回归模型；第二步验证网络嵌入与绩效的回归模型；第三步：将品牌进化作为中介变量代入第二步回归方程中，检验回归模型是否还成立。如果回归方程依旧成立，且回归系数小于第二步中的回归系数，则说明品牌进化起到了中介作用。将网络嵌入与品牌进化作为自变量，将绩效作为因变量进行上述三个步骤得到表 6–7。

表 6–7 中介效应检验

因变量	自变量	标准化系数	Sig.
绩效	网络嵌入	0.316	0.000
	品牌进化	0.392	0.000

可见，插入品牌进化后的网络嵌入 β 值为 0.316，比没插入前的 0.596 要小，且 p<0.001 仍表现出显著性。由检验结果可以得出结论：品牌进化在网络嵌入和绩效之间有着中介效应。假设 H4 通过检验。

五、研究结果

（一）模型构建

可以通过关系嵌入、结构嵌入和认知嵌入三个维度衡量品牌进化对企业成长绩效的影响。将网络嵌入作为自变量，品牌进化作为中介变量，绩效为因变量。选择 AMOS 22.0 软件运用结构方程模型得到路径系数如图 6-2 所示。

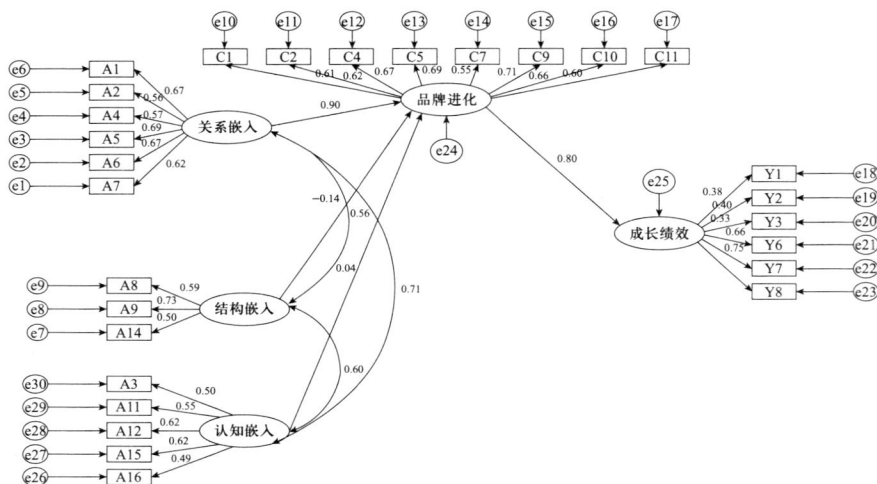

图 6-2　结构方程模型路径分析

基于以上分析，利用结构方程软件 AMOS 22.0 对模型 1 进行估计，经过计算确定模型 1 的拟合优度指标，符合判别标准。检验结果如表 6-8 所示。

表 6-8　模型的拟合效果

	绝对拟合指数			相对拟合指数		简约拟合指数			
	CMIN	CFI	RMSEA	TLI	NFI	IFI	PNFI	PCFI	CMIN/ df
模型 1	1280.636	0.683	0.104	0.651	0.616	0.687	0.559	0.620	3.734

（二）模型数据测算结果分析

根据表 6-8 中数据的计算，然后对计算的数据进行进一步分析，检验结果如表 6-9 所示。

表 6-9　假设检验结果

序号	路径	路径系数	标量估计	临界比	显著性水平	对应假设	检验结果
1	品牌进化←关系嵌入	0.866	0.140	6.182	***	H1a	支持
2	品牌进化←结构嵌入	−0.165	0.108	−1.526	0.127	H1b	不支持
3	品牌进化←认知嵌入	0.045	0.140	0.323	0.747	H1c	不支持
4	绩效←品牌进化	0.533	0.106	5.020	***	H2	支持

注：*、**、*** 分别表示 p 值在 0.05、0.01、0.001 水平上显著。

可以看出：网络嵌入在一定程度上对品牌进化有显著的影响，关系嵌入对品牌进化有显著影响（H1a）；结构嵌入对品牌进化没有显著影响（H1b）；认知嵌入对品牌进化没有显著影响（H1c）。品牌进化与企业成长绩效之间存在正相关关系（H2），其中，品牌进化在网络嵌入与绩效之间起到中介作用。

（三）结果讨论

1. 网络嵌入与品牌进化的结果分析

研究结果表明，关系嵌入与品牌进化之间路径系数为 0.866（p<0.001），假设 H1a 成立。这说明老字号企业与本地的供应商、消费者等网络成员间建立了稳固的合作关系，双方在合作过程中可以相互信任、信息共享，合作伙伴通过交流产品和获得知识技术，促进技术创新。杨保军认为，关系嵌入有利于老字号企业在社会网络中的合作和资源配置，有利于现有产品的进一步升级和新产品的推出，有利于企业的品牌进化、品牌理念和品牌形象等[①]。

但根据模型测算，结构嵌入、认知嵌入与品牌进化影响不显著。杨保军认为，结构嵌入、认知嵌入与品牌进化的关系数据结果不支持。老字号企业中涉及的利益相关者在网络中的中心度不够高，因此老字号企业不能通过有效的信息化手段来改进产品和技术，进而不能促进品牌进化；老字号企业与利益相关者之间没有形成利益共同体，企业文化认同度低、意愿共享度低，不利于企业的品牌进化。在此次问卷调查中，企

---

① 杨保军.网络嵌入、双元能力与老字号企业成长绩效研究［J］.北方民族大学学报，2020（4）：56-62.

业员工的回答也能反映这一问题，即调研的这些老字号企业，结构嵌入和认知嵌入对品牌进化没有显著影响。由此假设 H1b、H1c 不成立。

2. 品牌进化与企业成长绩效的结果分析

研究结果表明，品牌进化与企业成长绩效之间的路径系数为 0.533（p<0.001），表明品牌进化与企业成长绩效间存在显著的相关关系。杨保军（2020）认为，老字号企业可以通过老字号品牌的优势和企业的学习技能来有效地促进品牌的发展，从而全面提升企业财务和管理绩效。这说明老字号长期积累的信誉，一方面，吸引老客户形成强大的品牌忠诚度；另一方面，产品服务、观念和形象的变化满足了顾客的需求，吸引了新顾客，提高了企业成长绩效。因此，企业可以通过加强营销队伍的建设和品牌战略管理力度，提升企业的竞争优势，进而更好地提升企业绩效。由此假设 H2 成立。

第三节　研究结论与启示

一、研究结论

本章通过建立网络嵌入—品牌进化—成长绩效的分析框架，以老字号企业为样本进行实证分析。根据以上分析可以得出如下结论：

（1）社会网络是影响老字号成长的重要因素，社会网络使老字号在与供应商、消费者以及其他网络成员之间交换市场信息，从而促进品牌的发展；老字号企业在获取技术信息的过程中使得技术创新能力提升；老字号企业与所嵌入的社会网络，如政治、区域、民族等一系列网络的融合，促进了企业的发展和企业成长。

（2）社会网络对企业发展的影响需要通过品牌进化进行中介调节，进而提高企业成长绩效。品牌进化是一个动态的过程，在品牌管理过程中，营销团队之间建立了良好的知识交流机制，促进了团队成员之间的信任、合作与协调，因而有助于企业品牌的发展。

（3）网络嵌入可以影响品牌进化，进而影响企业成长绩效，但各个维度的网络嵌入对企业的品牌进化有不同的影响。其中，关系嵌入对品牌进化影响最为显著。

　　因此，老字号企业应加强与供应商、顾客等网络成员的联系与合作，提高合作伙伴目标的一致性，增强彼此的信任，提高资源获取和共享资源的能力，使老字号企业能够快速、准确地在其社会网络中获取资源和信息，从而提升品牌价值，共同促进企业的发展壮大。

二、研究启示

　　（1）老字号企业应积极争取网络中的有利位置，通过与供应商、顾客等利益相关者的互动，促进产品信息、顾客信息共享；加强结构嵌入，当企业的核心利益相关者在网络中具有较高地位时，企业可以通过信息优势改善产品功能，或通过其他技术创新活动来提升品牌价值；加强认知嵌入，企业间形成利益共同体，加强彼此间的企业文化认同程度、意愿共享程度，进而提升企业品牌价值。

　　（2）重视网络嵌入的选择与运用，本章的实证研究证实，不同的网络嵌入对企业品牌进化的作用有所差异，因此企业应结合自身发展情况，选择适合的网络结构。

第七章　网络嵌入、技术创新能力与老字号企业成长绩效——基于吸收能力的视角

上善若水。

——老子

人们奋斗所争取的一切，都同他们的利益有关。

——马克思

【本章导读】清同治末年，山西商人李子荣在父辈的基础上创办了一家名为"敬义泰"的商号。在此后的 100 多年里，凭借对区域市场和文化熟悉，敬义泰在竞争中学习和摸索，不断实现技术创新和品牌创新，逐步成为西北著名的老字号企业，这是大多数老字号企业共同走过的道路。吸收能力理论认为，吸收新知识可使组织变得更具创新性和灵活性，且相比不吸收新知识的组织有着更高的绩效水平。现实中，众多企业在日常生产经营中不断通过自主研发、借鉴、学习以获得新知识，从而推动了企业发展。基于吸收能力理论的研究，为探索老字号企业技术创新路径提供了新的视角。

老字号企业成长表现为资本的扩大、规模扩张、营销网络增加等，其核心是企业关系网络的扩大。在社会网络嵌入视角下，企业通过信任建立起与社会网络的关系，并不断培育技术创新能力以促进成长。但是，仅仅具有技术创新能力并不能保证企业可以有效获取社会网络资源，还需要企业有效吸收才能推进成长壮大。商务部、国家发展和改革委员会联合印发《关于促进老字号改革创新发展的指导意见》提出，支持老字号传承和创新传统技艺，线上线下融合发展。企业的创新活动对老字号企业核心竞争力的形成、发展乃至维持和再次创新都起到了关键

作用。面对市场和技术变化，只有不断提高企业对外部资源和信息的吸收能力，加强技术创新能力的培育，才能促进老字号企业发展。

第一节　理论基础与研究假设

一、理论基础

利用社会网络，企业能够获取信息与资源形成竞争优势，从而帮助网络内部的企业获得成长资本。网络嵌入作为影响企业发展的一个重要因素，其对企业成长及绩效的影响已经得到国内外许多学者的论证。"网络嵌入"的概念最早由格兰诺维特提出并进行了论述。

格兰诺维特认为，社会网络是核心的社会结构，人们所产生的经济行为是嵌入其中的，其中信任是嵌入机制中的一大要素[①]。

Holger 和 Ellis 认为，网络规模的扩大增加了商业企业创业成功的可能性，创业研究认为，企业可以通过网络关系使用或获取其他实体控制的资本，从而建立对资源和知识的掌握、占有和信息优势[②]。

彭伟等主要研究了双重网络嵌入与海归创业企业成长之间的关系，证实了他们之间具有显著的正向影响[③]。

黄嘉文通过研究发现，动态的社会网络对企业知识活动具有倒"U"形关系[④]。

卢启程等等指出，动态能力在知识网络嵌入与企业成长关系中存在中介作用[⑤]。

杨保军得出，网络嵌入对老字号企业的技术创新能力具有较为显著

---

① Granovetter M. Economic action and social structure：The problem of embeddedness ［J］. American Journal of Sociology，1985，913（11）：481–510.

② Schiele Holger，et al. Managing supplier satisfaction：Social capital and resource dependence frameworks ［J］. Australasian Marketing Journal，2015，23（2）：7–14.

③ 彭伟，朱晴雯，符正平. 双重网络嵌入均衡对海归创业企业绩效的影响［J］.科学学研究，2017，35（9）：1359–1369.

④ 黄嘉文.企业社会网络总是有用吗？——一个文献综述［J］.科研管理，2019，40（9）：57–64.

⑤ 卢启程，梁琳琳，景浩.知识网络嵌入影响农业集群企业成长的作用机理研究——以斗南花卉产业集群为例［J］.科研管理，2020，41（7）：262–270.

的影响，技术创新与品牌进化共同推动着企业的成长构成企业成长双元能力的结论[1]。

由此可见，学者们普遍认为，网络嵌入性能可以为企业带来许多益处，对提高企业绩效和促进企业成长具有正向激励作用。

研究表明，把技术创新与吸收能力作为中介变量，有利于更好地探索网络嵌入对企业成长的影响路径[2]。

Freeman 将技术创新分为技术研发、工艺开发及商业化三个层次[3]。

Eno 认为，技术创新是组织活动的集合，包括从前期选择、资源投入、计划制订、市场化的全过程[4]。

在我国，技术创新理论最初的发展主要是引进西方研究成果，后来将其与我国的实际情况相结合得到快速发展。金生等（2002）将技术创新能力定义为在对技术潜在市场需求的预测、创新理念的提出、研发、制造和商业化等一系列过程活动中各种能力的耦合[5]。

从技术创新的过程出发，李向波和李叔涛提出，企业技术创新能力除了产品和工艺研发能力，还包括生产能力、市场预测能力和营销能力，是多种能力的融合[6]。

顾洁等通过实证研究发现，空间集聚与企业技术创新间呈现"U"形关系[7]。

王石磊等提出，社会关系嵌入过度通过实物资源拼凑促进渐进性技术创新[8]。

① 杨保军. 网络嵌入、双元能力与老字号企业成长绩效研究 [J]. 北方民族大学学报，2020（4）：56-62.

② 李晗. 技术创新对营销绩效的影响 [D]. 重庆工商大学博士学位论文，2019.

③ Freeman L C. A set of measures of centrality based upon betweenness [J]. Sociometry, 1979（40）：35-41.

④ Eno Gregory Ukpong, Imeofon Idongesit Udoh, Iniabasi Thomas Essien. Artificial intelligence：Opportunities, issues and applications in banking, accounting, and auditing in nigeria [J]. Asian Journal of Economics, Business and Accounting, 2019.

⑤ 尹剑峰. 吸收能力研究综述 [J]. 商学研究，2020，27（6）：120-128.

⑥ 李向波，李叔涛. 基于创新过程的企业技术创新能力评价研究 [J]. 中国软科学，2007（2）：139-142.

⑦ 顾洁，胡雯，胡安安. 空间集聚与网络嵌入对技术创新的非线性影响 [J]. 科学学研究，2019，37（9）：1721-1728.

⑧ 王石磊，王飞，彭新敏. 深陷"盘丝洞"：网络关系嵌入过度与中小企业技术创新 [J]. 科研管理，2021，42（5）：116-123.

综上所述，大部分学者认同技术创新为企业获取竞争优势提供了强有力的保障。

吸收能力是一个组织"识别新信息价值、吸收新信息并将其应用于商业目的的能力"[①]，它反映了处理转移的技术（知识）的隐形成分的必要性，以及调整源于外部的技术（知识）应用于内部的必要性（Mowery，Oxley & Silverman，1996）。

Zahra 和 George 将企业吸收能力维度划分为潜在吸收能力和现实吸收能力两个维度[②]。潜在吸收能力包括获取和同化能力，现实吸收能力包括转化和开发能力。

段晓红和向龙斌认为，企业家及员工的创新行为是吸收能力的重要载体和外在表现形式[③]。

李蕊通过实证研究发现，当企业具有较高的吸收能力时，有利于企业灵活运用财务冗余资金并提高现阶段的创新绩效[④]。

胡查平和冉宪莉提出，制造企业嵌入知识密集服务网络，企业吸收能力越强，制造服务型企业战略转型的绩效就越有保障[⑤]。

由此可见，吸收能力往往通过企业所嵌入的社会网络影响企业获取信息能力和创新能力，最终影响企业成长。

鉴于此，本章引入吸收能力与技术创新能力作为具有因果关系的两个中介变量，建立网络嵌入与企业成长作用关系的理论模型进行实证研究，讨论网络嵌入通过吸收能力与技术创新促进企业成长，进一步揭示了网络嵌入影响企业成长的内在机理，更好地解释了网络嵌入性与企业成长绩效之间的作用关系。

①　曹勇，刘弈，谷佳，陈康辉.网络嵌入、知识惯性与双元创新能力——基于动态视角的评述［J］.情报杂志，2021，40（3）：182-186+174.

②　Shaker A. Zahra，Gerard George. Absorptive capacity：A review，reconceptualization，and extension［J］.The Academy of Management Review，2002，27（2）：7-14.

③　段晓红，向龙斌.企业家创新行为、员工创新行为与低技术制造企业吸收能力关系研究［J］.科技管理研究，2019，39（14）：197-202.

④　李蕊.技术驱动型并购的主体异质性、吸收能力与创新绩效研究［J］.生产力研究，2021（4）：131-136+141.

⑤　胡查平，冉宪莉.制造企业服务化战略转型绩效——网络嵌入性视角的解释［J］.科技与经济，2021，34（2）：71-75.

二、研究假设

（一）网络嵌入与技术创新能力

网络嵌入与企业许多经济行为有着紧密联系，如果企业具有较强的网络嵌入性能够促使企业内部交流，则有利于企业创新。

汤清与陈海燕以上市企业为样本，证明技术创新投入和营销能力对企业绩效具有正向交互作用[①]。

陶秋燕和孟猛猛通过研究发现，网络嵌入性的网络中心度维度与中小企业成长呈显著的正相关关系，技术创新在网络中心度和企业成长关系之间起部分中介作用，技术动荡性正向调节技术创新和企业成长的关系[②]。

王宁和张波认为，企业的发展离不开技术创新的支持，创新能够使工作人员产生生产动力，能够使企业提高运作效率，由此让企业在龙争虎斗的市场竞争中处于领先地位[③]。

因此，本章提出以下假设：

H1：网络嵌入与技术创新能力之间具有正向关系；

H1a：关系嵌入与技术创新能力之间具有正向关系；

H1b：结构嵌入与技术创新能力之间具有正向关系。

（二）网络嵌入与吸收能力

网络嵌入性对吸收能力最重要的影响是对信息获取的程度，吸收能力是一个动态的整合能力，这些新获得的信息可以通过企业内部的交流与分享将这些信息内化，然后把新旧信息相结合，提炼出新的可供企业利用的信息，最终把新获取的信息应用于企业的运作中，例如开发新产品或研发新技术等。因此，网络嵌入性通过信息获取而最终影响吸收能力。

郑继兴（2015）通过对小微企业的探索研究发现，吸收能力分别在

---

① 汤清，陈海燕. 技术创新、营销能力对企业绩效的影响研究［J］. 科技管理研究，2015，35（9）：110-114.

② 陶秋燕，孟猛猛. 网络嵌入性、技术创新和中小企业成长研究［J］. 科研管理，2017，38（S1）：515-524.

③ 王宁，张波. 技术创新与商业模式组态对创新企业绩效的影响［J］. 财会月刊，2021（6）：59-66.

结构嵌入和关系嵌入与科技成果采纳间发挥着不同程度的中介作用。

黄海昕等通过实证研究得出，吸收能力正向调节网络中心度、结构洞数量与二元战略创业行为以及行为平衡之间的关系[①]。

周礼和金晨晨指出，网络嵌入正向影响企业绿色创新；潜在与现实的吸收能力不仅分别在网络嵌入与绿色创新间起到部分中介的作用，还共同在其中间有中介作用[②]。

因此，本章提出以下假设：

H2：网络嵌入与吸收能力之间具有正向关系；

H2a：关系嵌入与吸收能力之间具有正向关系；

H2b：结构嵌入与吸收能力之间具有正向关系。

（三）技术创新能力与吸收能力

企业吸收能力的强弱决定了投资者能否从企业中获得创新知识，吸收能力能促进企业其他能力的发展，从而提高整体竞争优势，主要表现在战略柔性、企业绩效和创新绩效三个方面。

万坤扬和陆文聪通过实证研究得出，吸收能力越高的企业技术创新效率越高[③]。

李蕊（2021）在探究在技术驱动型并购的背景下，得出企业的异质性对于创新绩效有不同程度上的影响，吸收能力在其中发挥的调节作用。

戴勇等发现，吸收能力与企业技术创新绩效有显著正相关关系[④]。

因此，本章提出以下假设：

H3：技术创新能力与吸收能力之间具有正向关系。

① 黄海昕，李玲，高翰.网络嵌入视角下连锁董事网络与战略创业行为——吸收能力的调节作用［J］.科学学与科学技术管理，2019，40（12）：119-138.

② 周礼，金晨晨.网络嵌入对企业绿色创新的影响与作用机制：吸收能力的中介作用［J］.科技进步与对策，2021，38（5）：79-86.

③ 万坤扬，陆文聪.公司创业投资与企业技术创新——吸收能力、卷入强度和治理结构的调节作用［J］.科学学与科学技术管理，2014，35（11）：117-128.

④ 戴勇，朱桂龙，刘荣芳.集群网络结构与技术创新绩效关系研究：吸收能力是中介变量吗？［J］.科技进步与对策，2018，35（9）：16-22.

（四）技术创新能力与成长绩效

技术创新能力是企业快速发展的动力，企业的成长可以通过持续不断的技术创新、局部改良、技术积累引发的再创新等保持较高速的发展。同时，帮助企业获得竞争力，从而有利于企业成长。

朱乃平等以中国高新技术企业为研究样本，提出技术创新投入可以显著提高企业的短期财务绩效和长期财务绩效[①]。

沈飞等经实证检验，认为专利执行保险和企业技术创新对企业绩效具有显著的促进作用[②]。

因此，本章提出以下假设：

H4：技术创新能力与企业成长绩效之间具有正向关系。

（五）吸收能力与成长绩效

拥有较好吸收能力的企业往往在利用、开发和重新分配外部知识时，可以更好地整合企业内部现有的惯例，有效地转化外部知识的成果，使企业能够以前瞻性和创新的方式满足未来的需求，进而提升企业的成长绩效。

邹波等发现，组织吸收能力对组织产品创新绩效具有显著促进作用[③]。

李蕊（2021）通过实证研究发现，当企业具有较高的吸收能力时，有利于企业灵活运用财务冗余资金并提高现阶段的创新绩效。

杨梦茹等认为，吸收能力在提升企业创新绩效过程中，无论是直接发挥作用，还是通过网络嵌入性、知识溢出等间接调节或作为中介变量，它与企业创新绩效之间的正相关关系是明确的[④]。

因此，本章提出以下假设：

H5：吸收能力与企业成长绩效之间具有正向关系。

① 朱乃平，朱丽，孔玉生，沈阳.技术创新投入、社会责任承担对财务绩效的协同影响研究［J］.会计研究，2014（2）：57–63+95.

② 沈飞，周延，刘峻峰.专利执行保险、技术创新与企业绩效［J］.工业技术经济，2021，40（4）：119–128.

③ 邹波，张巍，王晨.从个体吸收能力到组织吸收能力的演化——以知识共享为中介［J］.科研管理，2019，40（01）：32–41.

④ 杨梦茹，余乐山，徐凝.企业吸收能力与创新绩效研究［J］.中国商论，2020（18）：136–139.

根据以上假设，本章构建理论模型如图 7-1 所示。

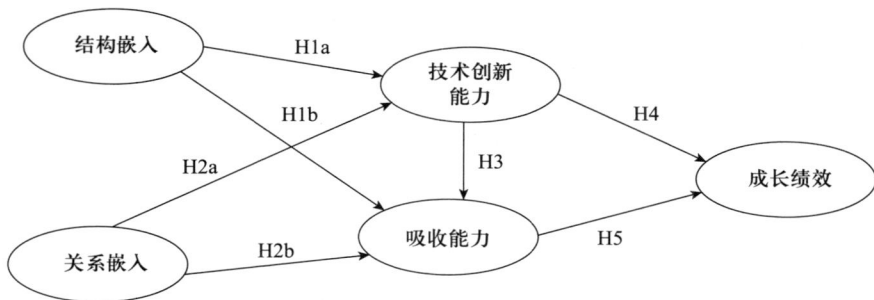

图 7-1　假设模型

第二节　量表设计与数据分析

一、量表设计与变量界定

（一）量表设计

本节研究以关系嵌入与结构嵌入作为变量来衡量网络嵌入，在国内已经形成成熟量表。关系嵌入是从网络关系强度、网络关系质量两方面进行研究，是企业获取资源的重要方式。根据格兰诺维特的研究成果，本次调研设置了 6 道题项反映网络关系嵌入。结构嵌入往往从网络中心性、网络位置、网络密度、网络规模等方面进行讨论，通过参考 Freeman 的经典量表并结合本次研究内容，对量表进行了本土化改良来适应研究需要。技术创新能力的量表参考 Azubuike（2015）的研究，通过产品创新能力和工艺技术创新能力来衡量。吸收能力同样对企业成长有显著影响，变量设计参考了杨保军（2016）的文献，将吸收能力划分成知识获取、知识消化这两种维度来衡量。同时，本次研究还采用 Atuahene Gima（2003）的绩效量表作为研究成长绩效的量表。

（二）行业选择与数据收集

表 7-1　样本的人口统计特征

统计变量	测量项目	频数	百分比
年龄	30 岁及以下	89	34.7
	31 ~ 40 岁	134	52.3
	41 ~ 50 岁	23	9.0
	51 岁及以上	10	4.0
学历	初中及以下	87	34.0
	高中	125	48.8
	大学及以上	44	17.2
职位	普通员工	90	35.2
	基层管理人员	61	23.8
	中层管理人员	50	19.5
	高层管理人员	55	21.5

根据表 7-1 可知，年龄集中在 31 ~ 50 岁的被调查对象占比 61.3%；学历为大学及以上的人员占比 17.2%；职位为普通员工占比 35.2%，各级别员工数量比例分布较为均匀，符合本次研究要求。

本章主要选取甘肃、宁夏、青海三省份不同时期老字号的经营情况为研究对象，对网络嵌入与企业成长绩效之间的关系进行分析，最终形成了具有 40 个题项组成的调查问卷，问卷主要包括以下四个部分：网络嵌入量表、技术创新量表、吸收能力量表和企业成长量表。课题组通过走访调查共计发放问卷 300 份，回收问卷 273 份，其中，去除涂改难以识别、缺项等无效问卷 17 份，共回收有效问卷 256 份。有效回收率 85.3%，可以进行后续分析。

二、数据分析

（一）测量信度与效度检验

本章通过 SPSS 26.0 对量表的 4 个模块和 46 个题项进行分析测量，得出总量表 Cronbach's α 系数为 0.958，网络嵌入量表为 0.889，技术创新量表为 0.835，吸收能力量表为 0.853，企业成长量表为 0.743，由此可见，问卷具有较好的可信度，如表 7-2、表 7-3 所示。

表 7-2 量表的信度检验

量表	项数	Cronbach's α	N
总量表	46	0.958	256
网络嵌入量表	20	0.889	256
技术创新量表	8	0.835	256
吸收能力量表	10	0.853	256
企业成长量表	8	0.743	256

表 7-3 KMO 和 Bartlett 的检验

取样足够度的 Kaiser-Meyer-Olkin 度量		0.874
Bartlett 的球形检验	近似卡方	8716.253
	df	1596
	Sig.	0.00

可知，KMO 值为 0.874>0.8 且 Bartlett's 球形检验的 X^2 值为 8716.253（自由度为 1596），达到显著性水平 p=0.00<0.05，说明总体量表之间的相关矩阵存在着公因子，可以进行因子分析。

（二）主成分分析

对样本数据进行 VARIMAX 方差正交旋转，最终提取特征根大于 1 的因子共 11 个，分别对应 11 个观测变量，因子累计解释的变异量为 65.322%。因子 1 在 Y6-Y8 上有较大负荷；因子 2 在 B1-B3 上有较大负荷；因子 3 在 X2-X6 上有较大负荷；因子 4 在 A8-A9 上有较大负荷；因子 5 在 Y1-Y3 上有较大负荷；因子 6 在 A2-A4 上有较大负荷；因子 7 在 B7-B8 上有较大负荷；因子 8 在 Y4-Y5 上有较大负荷；因子 9 在 A10-A11 上有较大负荷；因子 10 在 A15-A17 上有较大负荷；因子 11 在 A18-A20 上有较大负荷。主成分分析结果显示，样本效度符合要求，具体结果如表 7-4 所示。由此可见，本量表架构效度较好，可以进行后续分析。

表 7-4 因子解释的总方差

成分因子	初始特征值			提取载荷平方和			旋转载荷平方和		
	总计	方差百分比	累计百分比	总计	方差百分比	累计百分比	总计	方差百分比	累计百分比
1	14.020	30.479	30.479	14.02	30.479	30.479	4.000	8.696	8.696
2	2.905	6.315	36.794	2.905	6.315	36.794	3.895	8.466	17.162
3	2.175	4.728	41.522	2.175	4.728	41.522	3.704	8.053	25.215
4	1.864	4.052	45.574	1.864	4.052	45.574	3.129	6.803	32.018
5	1.579	3.433	49.006	1.579	3.433	49.006	2.627	5.712	37.730
6	1.498	3.256	52.262	1.498	3.256	52.262	2.444	5.312	43.042
7	1.370	2.979	55.241	1.370	2.979	55.241	2.355	5.121	48.162
8	1.300	2.826	58.067	1.300	2.826	58.067	2.177	4.734	52.896
9	1.198	2.605	60.672	1.198	2.605	60.672	2.087	4.537	57.433
10	1.090	2.370	63.042	1.090	2.370	63.042	2.010	4.369	61.802
11	1.049	2.280	65.322	1.049	2.280	65.322	1.619	3.521	65.322

（三）各变量相关性及回归分析

1. 网络嵌入与技术创新能力相关性分析

通过回归分析，分别将关系嵌入、结构嵌入与技术创新能力作为自变量与因变量，结果表明二者之间具有线性关系，能够建立线性模型。且由表 7-5 中的数据可知网络嵌入（$\beta = 0.393$，$p < 0.001$）与技术创新能力显著相关，假设 H1a、H1b 成立。

表 7-5 网络嵌入与技术创新能力的相关性

模型	R	R^2 调整	标准 R^2	估计误差	F	Sig.
1	0.393[a]	0.151	0.154	0.997	46.267	0.000

注：a. 因变量：技术创新能力。

2. 网络嵌入与吸收能力相关性分析

通过回归分析，分别将关系嵌入、结构嵌入与吸收能力作为自变量与因变量，结果表明二者之间具有线性关系，能够建立线性模型。且由表 7-6 中的数据可知网络嵌入（$\beta = 0.365$，$p < 0.001$）与吸收能力显著相关，假设 H2a、H2b 成立。

表7-6　网络嵌入与吸收能力的相关性

模型	R	R^2 调整	标准 R^2	估计误差	F	Sig.
1	0.365[a]	0.130	0.133	0.907	39.124	0.000

注：a. 因变量：技术创新能力。

3. 技术创新能力与吸收能力相关性分析

通过回归分析，分别将技术创新能力与吸收能力作为自变量和因变量，结果表明二者之间具有线性关系，能够建立线性模型。且由表7-7中的数据可知技术创新能力（β=0.384，p<0.001）与吸收能力显著相关，假设H3成立。

表7-7　技术创新能力与吸收能力的相关性

模型	R	R^2 调整	标准 R^2	估计误差	F	Sig.
1	0.384[a]	0.147	0.144	0.899	43.844	0.000

注：a. 因变量：技术创新能力。

4. 技术创新能力、吸收能力与企业绩效相关性分析

通过回归分析，分别将技术创新能力、吸收能力与企业绩效作为自变量和因变量，结果表明二者之间具有线性关系，能够建立线性模型。且由表7-8中的数据可知技术创新能力（β=0.331，p<0.001）、吸收能力（β=0.327，p<0.001）与企业绩效显著相关，假设H4、H5成立。

表7-8　技术创新能力、吸收能力与企业绩效的相关性

模型	R	R^2 调整	标准 R^2	估计误差	F	Sig.
1	0.529[a]	0.275	0.280	0.886	49.282	0.000

注：a. 因变量：技术创新能力。

三、研究结果

（一）模型构建

在研究网络嵌入对企业成长的影响的过程中，网络嵌入的研究多通过关系嵌入和结构嵌入两个维度度量。企业成长绩效不仅受到企业技术创新能力的作用，也与企业的吸收能力息息相关。因此可知，技术创新能力和吸收能力影响企业成长过程，最终影响企业的成长绩效。由此形成模型，如图7-2所示。

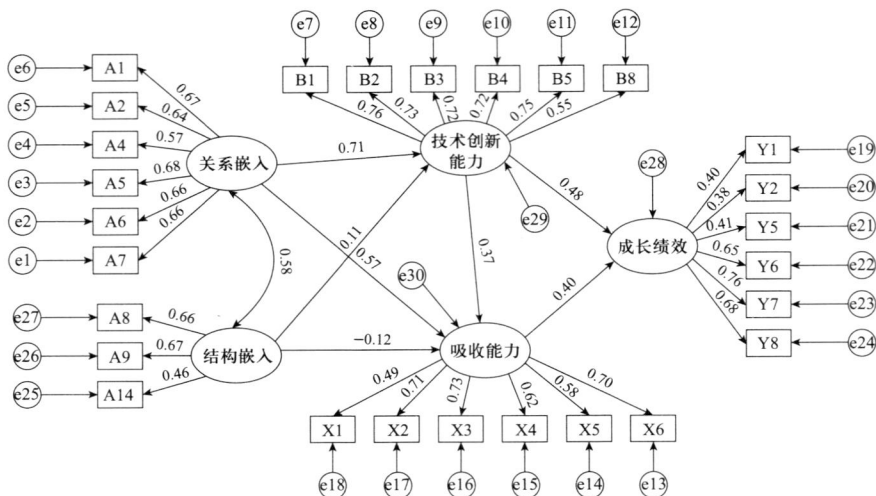

图 7-2　网络嵌入、技术创新能力、吸收能力与成长绩效模型

利用软件 AMOS 22.0 对图 7-2 网络嵌入、双元能力与成长绩效模型进行拟合度测算，得到的拟合度指标符合判别标准，测算结果如表 7-9 所示。

表 7-9　模型的拟合效果

	绝对拟合指数			相对拟合指数			简约拟合指数		
	CMIN	CFI	RMSEA	TLI	NFI	IFI	PNFI	PCFI	χ^2/df
模型	3276.597	0.768	0.091	0.722	0.698	0.773	0.584	0.642	3.130

（二）模型数据测算结果分析

基于表 7-9 对拟合指数的计算，并进一步对数据分析，可以得到结果，如表 7-10 所示。

表 7-10　测算结果

路径	路径系数	标量估计	临界比	显著性水平	对应假设	检验结果
技术创新能力←关系嵌入	0.816	0.118	6.917	***	H1a	支持
技术创新能力←结构嵌入	0.166	0.139	1.195	0.232	H1b	不支持
吸收能力←关系嵌入	0.587	0.132	4.457	***	H2a	支持
吸收能力←结构嵌入	−0.164	0.123	−1.333	0.183	H2b	不支持

续表

路径	路径系数	标量估计	临界比	显著性水平	对应假设	检验结果
吸收能力←技术创新能力	0.332	0.096	3.451	***	H3	支持
成长绩效←技术创新能力	0.270	0.072	3.731	***	H4	支持
成长绩效←吸收能力	0.251	0.078	3.232	**	H5	支持

注：**、*** 分别表示 p 值在 0.001、0.001 水平上显著。

1. 网络嵌入与技术创新能力的结果分析

测算结果显示，网络嵌入对老字号企业的技术创新能力具有较为显著的影响，对网络嵌入进行具体分析发现，关系嵌入与技术创新能力的路径系数是 0.816（p<0.001），假设 H1a 成立。刘兰剑（2012）通过实证研究发现，网络嵌入性通过跨组织学习对技术创新能力有显著影响。老字号企业与供应链上下游企业、顾客和同行业等进行交换产品和技术知识时，通过企业间的相互交流合作获取市场信息，进而影响企业的技术创新能力。但根据模型测算，结构嵌入对技术创新能力影响不显著，假设 H1b 不成立，说明老字号企业在本区域群体中的位置、区域内企业数量与企业密度等因素对企业技术创新能力的影响力较小。大多数老字号认为，企业的技术创新能力更多还是来自内部的传承，外部因素的影响比较有限。

2. 网络嵌入与吸收能力的结果分析

在反映网络嵌入对吸收能力影响的测量数据中，关系嵌入对吸收能力具有显著影响，路径系数为 0.587（p<0.001），假设 H2a 成立。田红云（2016）等将网络嵌入性分为外因潜在变量、内因潜在变量等不同维度，研究发现，虽然不同维度对吸收能力的影响程度不同，但均具有直接的显著正向影响。这表明老字号企业在与供应链上下游企业、顾客、政府部门和同行业等建立紧密联系进行交流合作过程中，都可以促进企业的吸收能力。

研究结果显示，结构嵌入对吸收能力影响不显著，假设 H2b 不成立。这与郭立新（2021）的研究结论并不一致。本章认为，可能是老字号企业技术、市场的发展变化较缓慢，以致外界环境变化对企业吸收能力的影响相对较小，老字号企业在本区域群体中的位置、区域内企业数量与企业密度等因素对企业吸收能力影响较弱。

3. 吸收能力与技术创新能力的结果分析

吸收能力与技术创新能力共同促进企业发展，构成企业成长的双元能力。上述测算结果显示，老字号企业技术创新能力与吸收能力的路径系数为 0.332（p<0.001），假设 H3 成立，二者具有显著影响。

万坤扬（2014）通过实证研究得出，吸收能力越高的企业技术创新效率越高。培育并强化企业的吸收能力，可以在一定程度上缓解老字号企业文化与组织结构战略实施时的冲突，企业增强知识获取和知识消化能力可以帮助企业更好地把握市场需求和前沿技术的发展趋势。吸收能力通过累积大量的创新资源，帮助企业实现创新过程中一致性和适应性的统一。

4. 技术创新能力、吸收能力与成长绩效的结果分析

吸收能力与技术创新能力对企业成长绩效发挥中介作用，在分析技术创新能力对企业成长绩效的贡献中，在显著性水平下，路径系数为 0.270（p<0.001），假设 H4 成立。朱乃平（2019）以中国高新技术企业为研究样本，提出技术创新投入可以显著提高企业的短期财务绩效和长期财务绩效，说明企业技术创新能力对企业成长有促进作用，老字号企业在同行中对新技术的掌握与决策水平都会影响企业的成长。

在吸收能力对企业成长绩效的贡献中，在显著性水平下，路径系数为 0.251（p<0.01），假设 H5 成立。杨梦茹等（2020）认为，吸收能力对提升企业创新绩效有重要作用。但吸收能力相对技术创新能力测量系数偏低，这表明吸收能力对企业成长绩效具有正向促进作用，但强度较技术创新能力略弱。企业要想既能够满足当前需求又能够适应未来动态变化的环境，则技术创新能力与吸收能力是企业获得持续竞争优势和提高市场竞争力的关键。但技术创新能力、吸收能力对企业成长绩效的影响是一个漫长的过程，并且需要二者相互配合才能相得益彰。

第三节　研究启示与展望

一、研究启示

根据以上分析我们可以得出下列结论：

第一，网络嵌入对企业技术创新能力具有正向影响。企业通过交流合作获取市场信息影响企业的技术创新能力，技术创新可以使老字号企业获得和积累相关经验和知识，在行业中形成核心竞争力。同时，创新成果可以吸引与企业有共同利益的相关者，两者共同努力改善企业现金流质量，提高企业绩效。

第二，网络嵌入对企业吸收能力具有促进作用。随着老字号企业与供应链上下游企业、客户和同行业等进行长期的联系与合作，促进彼此之间互信互利，帮助企业加强网络嵌入中关系嵌入对企业吸收能力的效率和效果，从而产生积极影响。

第三，吸收能力对技术创新能力的影响具有积极的作用。企业的吸收能力越强，对外部知识的理解和利用能力越强，将新知识融入企业内部知识的效率越高。在结构上，吸收能力可以帮助老字号企业不断创新，为老字号企业成长绩效的提升提供重要支撑。

第四，社会网络对企业成长的影响需要通过技术创新能力和吸收能力的中介作用提升绩效，技术创新能力和吸收能力共同促进企业成长。

据此，本章得到以下启示：

第一，老字号企业的管理者应充分认识和正确把握网络嵌入对企业成长的影响。老字号企业应最大限度地利用网络嵌入获取并占据网络的核心位置，获得网络资源的优先使用权，进而帮助企业克服资源匮乏和环境风险等问题。除此之外，企业还应构建高质量的关系网络，加强互联网成员间信息，知识等资源共享的深度和强度，提升社会民众的认同性，确保创新活动的顺畅开展，为企业的快速成长赢得更多的支持。

第二，老字号企业在嵌入社会网络实现企业成长过程中，应重视技术创新能力与吸收能力的作用。一方面，企业要加强社会网络知识交流促进知识外溢，将学习到的知识在企业内部及时有效地进行传播、共享与整合，让创新在企业内部不断发生；另一方面，企业应与供应商、顾客、政府等主体建立良好的关系，获取更多的资源和信息来促进企业成长，在网络化、开放式的创新模式基础上积极从事创新活动，提高企业创新意识，及时调整企业战略，不断为企业的战略升级提供机会。

第三，老字号企业要加强学习，提升自身学习能力。企业可以通过学习积累知识，它们将帮助企业促进网络知识的转化、吸收与共享，提升企业双元能力，从而增强企业综合竞争力。与此同时，企业还应利用知识与有效手段加强与顾客的互动，为顾客提供更加有力的竞争产品与服务，壮大和巩固市场份额进而实现企业成长。

二、研究展望

网络嵌入是影响企业成长的重要路径，结构嵌入、关系嵌入的交互效应对企业成长的影响是未来研究的重要方向之一。对于企业而言，吸收能力与技术创新能力的提高都有利于其形成竞争优势，所以企业要积极参与到企业间合作的网络中，努力与供应链上下游企业、顾客、政府部门和同行业等建立紧密联系，让自己不断获得资源和信息优势。

除此之外，未来研究还应加强探索内外部环境动态性、复杂性等因素在网络嵌入中对企业成长的调节效应。网络能够帮助企业改进产品和服务以适应市场需求，同时也能起到帮助企业进入新市场、更好地理解现有市场的作用，从而给企业带来持续的现金流，使企业的各方面能力增强。

本章的研究还存在着许多不足，主要是采用的调查数据无法清晰地解释网络嵌入、吸收能力、技术创新能力和企业成长的动态关系，因此未来研究还需对企业进行长期跟踪调查，结合企业的其他数据进行处理，将得出的结论运用动态方法进一步验证。

第八章　网络嵌入、双元能力与企业成长绩效研究①

> 大略如行云流水，初无定质，但常行于所当行，
>
> 　　　常止于所不可不止，文理自然，姿态横生。
>
> 　　　　　　　　　　　　　　　　　——苏轼
>
> 创新是唯一的出路，淘汰自己，否则竞争将淘汰我们。
>
> 　　　　　　　　　　　　　　——安迪·格罗夫

【文章导读】彼得·德鲁克指出，市场营销和创新，这是企业的两个功能。显然技术创新推进了企业产品技术的提高，而营销是促进企业获得顾客的重要手段。随着理论进一步发展，从社会网络角度看，企业一方面不断提升技术创新能力强化核心竞争力，另一方面加强品牌进化适应市场的变化。从网络嵌入视角分析企业双元能力，促进企业成长的研究得到学术界广泛关注。基于网络嵌入视角，深入分析甘宁青地区老字号样本数据，系统研究老字号成长过程中的影响因素，利用多元统计分析网络关系嵌入、结构嵌入、认知嵌入与品牌进化和技术创新能力的关系，才能揭示社会网络嵌入背景下技术创新能力与企业品牌进化双元能力逻辑关系以及对成长绩效的影响。

自 1985 年格兰诺维特提出"网络嵌入"概念以来，学术界将网络嵌入作为自变量分析社会网络对企业成长和绩效的影响，取得了丰硕的成果。在网络嵌入视角下研究同一或相关产业内的企业和利益相关者的关系，可以深入剖析企业在社会网络影响下形成的专业分工网络和创新

---

① 杨保军. 网络嵌入、双元能力与老字号企业成长绩效研究［J］. 北方民族大学学报，2020（4）：56–62. 略改动。

网络，探索企业成长的机理与路径。老字号是甘宁青民族地区标志性品牌，作为独特历史民族文化、政治变迁影响下的老字号顽强度过了社会变革、政治风云和体制变迁，实现了企业的成长，深刻影响着区域内企业的发展。

大数据和网络技术的应用使知识扩散速度加快，依靠企业创新和品牌所获取的先行者优势容易丧失，作为企业获取竞争优势的两驾马车在各自的轨道上不断发力，却一直不相交融，最终影响了企业的竞争力。老字号企业面临的问题有两方面，一方面创新能力不足，核心技术逐步退化，另一方面品牌进化动力不足使品牌形象老化。如何不断提升创新能力、促进品牌进化，成为促进老字号成长的重大课题。

一、文献回顾与研究假设

（一）网络嵌入与技术创新能力

社会网络是影响企业运营的重要因素，国内外学者通过实证等多种研究方法论证了社会网络对企业成长及绩效的影响。

格兰诺维特认为，社会结构形成的网络与经济行为密切相关，形成网络嵌入，并将嵌入型分为结构嵌入型和关系嵌入性[①]。网络嵌入理论作为社会网络理论的核心概念反映了行动者在网络的地位，以及该行动者与网络其他主体的关系。网络嵌入性理论对企业成长具有重要影响。Dyer 认为，企业可以通过嵌入网络实现创造关系性资产、共同学习与知识交流、能力互补以及优化的网络结构等方式获得竞争优势[②]。尹苗苗等基于 441 家企业数据的实证分析，论证了创业网络与企业成长的倒"U"形曲线关系[③]。陈雪颂等提出网络嵌入的认知嵌入分类，通过共同愿景、共同语言和共同价值观三个题项度量[④]。由此可以看出，社会网络嵌入

---

① Granovetter M. Economic action and social structure：The problem of embeddedness [J]. American Journal of Sociology，1985，913（11）：481 –510.

② Dyer J H，Singh H.The relaional view：Cooperative strategy and sources of interorganizational competitive advantage [J].Academy of Management Review，1998，23（4）：660–679.

③ 尹苗苗，李秉泽，杨隽萍.中国创业网络关系对新企业成长的影响研究 [J].管理科学，2015，28（6）：27–38.

④ 陈雪颂，王志玮，陈劲.外部知识网络嵌入性对企业设计创新绩效的影响机制——以意义创新过程为中介变量 [J].技术经济，2016，35（7）：27–31+96.

背景下，内外部网络结构、关系及认知对企业成长和绩效具有显著性影响，构成网络嵌入研究的新视角，为本章研究提供了重要的理论支持。

自熊彼特提出创新概念以来，关于创新的研究层出不穷。无论突破性创新还是渐进性创新，其关键在于是否具备创新能力，这是企业整合内外部资源进行创新变革、提升竞争力系统整体功能的关键。许庆瑞较早研究创新能力，认为创新能力是产品创新能力和工艺创新能力两者耦合并由此决定的系统整体功能。张军和许庆瑞在此基础上基于 419 个实证样本分析企业创新能力对企业成长的正相关关系[1]。在网络嵌入背景下，技术创新能力的获得与演进受到知识网络的显著影响[2]。康淑娟等从全球价值链的角度分析了网络嵌入中关系嵌入与结构嵌入与创新能力的关系[3]。

综上所述，企业在动态变迁过程中获取了内外部资源和知识，并进行整合产生新的创意，为市场提供有价值的产品和服务、新的工艺流程或商业模式。通过研究社会网络嵌入对创新能力提升的机制可以有效推进企业成长。

因此，本章提出以下假设：

H1：网络嵌入对技术创新能力具有显著的影响；

H1a：关系嵌入对技术创新能力具有显著的影响；

H1b：结构嵌入对技术创新能力具有显著的影响；

H1c：认知嵌入对技术创新能力具有显著的影响。

（二）网络嵌入与品牌进化

Philip Kotler 从产品生命周期角度认为，品牌也会像产品一样，会经历一个从出生、成长、成熟到最后衰退并消失的过程[4]。这种类似于生态学意义从产生到退出市场的演变过程我们称为品牌进化。在市场竞争背景下，顾客需求变化、技术创新不断推进品牌理

---

① 张军，许庆瑞.知识积累、创新能力与企业成长关系研究［J］.科学学与科学技术管理，2014（8）：86-95.

② 童心，于丽英.知识网络演进视角下企业技术创新能力进化及政策建议［J］.科技进步与对策，2015，32（8）：95-100.

③ 康淑娟，安立仁.网络嵌入、创新能力与知识权力——基于全球价值链的视角［J］.科学学与科学技术管理，2019，40（9）：88-100.

④ Kotler P. Competitive strategies for new product marketing over the life cycle［J］.Management Science，1965，12（4）：7-14.

念、品牌产品、品牌形象的传承和创新。西蒙通过对 7 个不同市场的 35 个品牌进行实证研究，提出品牌生命周期模型，确认了品牌演变的过程①。品牌通过不断演进逐步适应市场竞争，进化到更高层次或者灭亡。迈克·艾温从自然进化角度认为，品牌灭亡不一定是管理无能造成的，而是一种自然现象②。众多学者都探索了品牌进化的原因。孙育平从基因角度提出了品牌进化的概念③，对品牌的传承和创新具有重要意义。企业是内外联系的复杂系统，来自外部的顾客、竞争对手和相关利益者与民族文化、政府力量共同构建了一个相互联系、相互依赖的社会网络，并嵌入企业经营的各个方面。从网络嵌入研究品牌的研究很多，张强认为，网络嵌入包括关系嵌入、结构嵌入、认知嵌入，对品牌价值具有显著影响④，为本章提供重要的理论基础和例证。

综上所述，网络嵌入与品牌进化具有较为显著的关联。

因此，本章提出以下假设：

H2：网络嵌入对品牌进化具有显著的影响；

H2a：关系嵌入对品牌进化具有显著的影响；

H2b：结构嵌入对品牌进化具有显著的影响；

H2c：认知嵌入对品牌进化具有显著的影响。

（三）技术创新能力与品牌进化

企业创新能力的提升是一个不断聚集知识的过程，对品牌的创建具有重要影响。国外学者对创新能力与品牌的研究重点在基于产品创新对品牌的影响。Talke 等基于德国新车样本测试论述了产品创新与品牌价值的关系⑤。Landwehr 通过对购车者的比较测试，论证了产

---

① Simon H. Dynamics of price elasticity and brand life cycles: An empirical study [J]. Journal of Marketing Research, 1979 (1): 439–452.

② Michael T. Ewing, Colin P. Jevons, Elias L. Khalil. Brand death: A developmental model of senescence [J]. Journal of Business Research, 2009 (1): 332–338.

③ 孙育平. 自主品牌的基因传承与进化 [J]. 企业经济, 2008 (1): 60–62.

④ 张强. 网络嵌入、社会责任与品牌价值——基于制造业企业经验数据的实证研究 [J]. 山东社会科学, 2018 (7): 158–164.

⑤ Talke K, Salomo S, Wieringa J E, et al. What about design newness? Investigating the relevance of a neglected dimension of product innovativeness [J]. Journal of Product Innovation Management, 2009, 26 (6): 601–615.

品设计与品牌互动对消费者购买行为的影响[①]。赵爱英（2008）、杨保军（2010）、王俊峰（2012）等都对创新能力与品牌关系进行了较为深入的研究。刘希宋和姜喜龙提出了企业创新能力与品牌竞争力具有乘数效应理论[②]，认为有的企业创新能力很强，而品牌竞争能力很弱，有的依靠广告、营销获得品牌竞争力但缺乏持久的竞争优势。鲜明地指出了企业创新能力和企业品牌竞争力关系。王俊峰和程天云对企业创新能力与品牌价值进行了实证并分析了品牌创建的思路[③]。杨保军和黄志斌认为，企业是建立在技术和品牌共生基础上的协同进化系统，企业创新能力与品牌进化相互依赖、形成耦合关系[④]。王分棉（2015）通过门槛面板数据论证了区域技术创新能力对品牌成长的正向影响。

基于以上分析，本章认为，企业技术创新能力提升与品牌进化是两个内在联系的过程，技术创新能力的不断提升推进了品牌的不断进化，提升了品牌的内涵，为品牌进化提供了着力点；品牌在进化过程中提升了市场份额，推进了企业技术创新能力提升。

因此，本章提出以下假设：

H3：技术创新能力的提升对品牌进化具有显著的影响。

（四）技术创新能力与成长绩效

传统的管理理论倾向于使用财务、市场收益手段测量竞争绩效，但在以开放式创新作为企业快速响应灵活复杂的市场需求的竞争手段后，创新能力成为衡量企业成长绩效的关键指标。张军、徐庆瑞（2014）从知识积累机制入手分析技术创新能力对企业成长的影响及内生性知识的积累问题。秦德智等从资源基础理论视角构建模型分析技术创新能力与

[①] Landwehr J R, Wentzel D, Herrmann A. The tipping point of design: How product design and brands interact to affect consumers' preferences [J]. Psychology & Marketing, 2012, 29 (6): 422–433.

[②] 刘希宋，姜喜龙. 企业创新能力与品牌竞争力关联性理论研究 [J]. 科学学研究. 2007 (6): 557–560.

[③] 王俊峰，程天云. 企业创新能力对品牌价值影响的实证研究 [J]. 软科学, 2012 (9): 10–14.

[④] 杨保军，黄志斌，基于知识进化视角的企业创新能力与品牌进化耦合机制研究 [J]. 自然辩证法研究, 2014 (12): 30–35.

企业成长的关系[①]。学术界对企业创新能力概念内涵的演进经历了"能力—核心能力—吸收能力和动态能力—创新能力"的过程,从资源基础观、知识管理理论、组织学习理论角度解释推进了创新能力演进理论研究的深入。

综上所述,企业创新能力提升是企业边界内外共同作用的结果,不仅包括集成不同来源技术知识、管理制度、营销能力的提升,也包括内生性创造新知识能力的提升,已有众多学者探索了企业创新能力提升促进企业成长的案例和实证,奠定了基于企业创新能力提升促进企业成长的理论基础。

因此,本章提出以下假设:

H4:技术创新能力的提升对企业成长绩效具有显著的影响。

(五)品牌进化与成长绩效

品牌进化是品牌与其生态环境相互作用的演变过程,也是不断推动企业成长的过程。周大庆基于湖南华天的案例论述了企业成长离不开战略调整和企业品牌进化[②]。杨保军(2014)认为,品牌在进化过程中,基于消费者的信任提升促进了企业成长。

综上所述,现有文献论证了品牌进化在市场上表达出差异化的特征,企业获取竞争优势的过程以及品牌进化与企业成长的关系,但基于社会网络嵌入推动品牌进化的影响因素、品牌进化对企业成长影响的机制,品牌进化与创新能力提升关联机制对企业成长的影响等问题还需要深入探讨。

因此,本章提出以下假设:

H5:品牌进化对企业成长绩效具有显著的影响。

由此,本章提出理论模型,如图8-1所示。

---

① 秦德智,赵德森,姚岚.企业文化、技术创新能力与企业成长——基于资源基础理论的视角 [J].学术探索,2015(7):128–132.

② 周大庆.企业战略成长与品牌构造研究:一个案例 [J].管理现代化,2009(2):36–38.

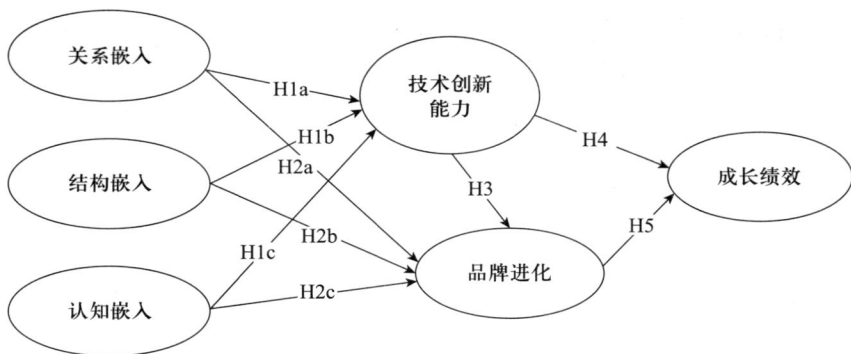

图8-1　网络嵌入、双元能力与成长绩效理论模型

二、研究方法

（一）变量界定与测度

经典文献中通常以关系嵌入、结构嵌入和认知嵌入度量网络嵌入变量，并形成了成熟量表以度量。关系是企业获取资源和机会的重要通道，关系嵌入反映了企业及其成员的情感联系和交易联系，其中，企业及其成员与社会网络关系的紧密程度、强度和信任程度都是反映关系的重要指标。参考格兰诺维特的研究成果，本章设置了6道题项反映网络嵌入变量。企业或组织在社会网络中的位置关系反映出企业重要程度，经典研究利用结构嵌入反映网络成员的位置关系，通常用网络中心度、网络规模等指标反映网络成员在组织网络中的位置。参考 Freeman 的经典量表[①]与刘兰剑和司春林[②]的量表，结合研究对象对量表进行了本土化的题项转化以适应研究需要。Tsai 认为，企业与网络成员相互交流的过程中，相互使用的语言、符号，共享的知识和价值观都会影响交流的效果，也会影响企业与社会网络之间信息和资源的交换[③]。因此，认知嵌入作为网络嵌入的重要指标可以反映企业与网络成员的交流程

---

① Freeman L C. A Set of measures of centrality based upon betweenness [J]. Sociometry, 1979（40）：35 –41.

② 刘兰剑，司春林. 网络嵌入性、跨组织学习与技术创新：几个变量的测度 [J]. 现代管理科学，2011（10）：24-27.

③ Tsai W, Ghoshal S. Social capital and value creation：The role of intrafirm networks [J]. Academy of Management Journal，1998，41（4）：464–476.

度。本章参考 Tsai 与易朝辉 [①] 的研究设置题项。品牌进化是促进企业成长的关键因素之一,变量设计参考了杨保军 [②],Wu 和 Ardley [③],Merrilees [④] 和 Moore 和 Doyle [⑤] 等文献。在进化动力机制作用下,每一个企业品牌都随着时间成长进化。我们主要研究品牌的技术创新能力,技术创新能力主要指产品创新能力和工艺技术创新能力,量表参考 Azubuike [⑥]、童心等学者的研究。关于成长绩效的量表,本章采用了鸿鹭吉马 [⑦] 的绩效量表,本章成长绩效量表测度结合了财务绩效和销售绩效并略作修改。

(二)数据来源

为深入分析网络嵌入与企业成长的关系,课题组根据不同时期老字号的经营情况,分别在甘肃、宁夏、青海三省区的银川、兰州、西宁、吴忠、平凉、武威、临夏等城市选择了宁夏敬义泰、平凉春华楼、兰州唐汪手抓、西宁泉尔头等 30 余家老字号企业作为研究对象。在预调查阶段,课题组随机在宁夏某高校和银川市餐饮企业发放 60 份预调查问卷,收集被调查者对问卷中题项设计的意见,并进行计算研究,根据收集的意见调整问卷题项。在正式调查阶段,课题组历时一年半的时间奔赴老字号所在地进行现场调研,首先与企业中高层管理者进行深入访谈,然后使用正式问卷对老字号企业中高层管理者、基层员工进行问卷调查,收回问卷 281 份,扣除问卷回答不完整、回答雷同的问卷,得到有效问卷 256 份,问卷有效率为 85%。

---

① 易朝辉. 网络嵌入、创业导向与新创企业绩效关系研究 [J]. 科研管理,2012,33(11):105–115.

② 杨保军. 知识管理、品牌进化与绩效的实证研究 [J]. 中国流通经济,2016,30(5):62–71.

③ Wu Y, Ardley B. Brand strategy and brand evolution: Welcome to the world of the meme [J]. The Marketing Review, 2007, 7(3): 301–310.

④ Merrilees B. Radical brand evolution: A case-based framework [J]. Journal of Advertising Research, 2005, 45(2): 201–210.

⑤ Moore C M, Doyle S A. The evolution of a luxury brand: The case of Prada [J]. International Journal of Retail & Distribution Management, 2010, 38(11/12): 915–927.

⑥ Azubuike V M U. Technological innovation capability and firm's performance in new product development [J]. Communications of the IIMA, 2015, 13(1): 4.

⑦ Atuahene Gima K. The effects of centrifugal and centripetal forces on product development speed nad quality: How does problem solving matter [J]. Academy of Management Journal, 2003, 46(3): 359–373.

（三）问卷描述

样本人口统计特征描述性统计如表 8-1 所示。

表 8-1　样本的人口统计特征

统计变量	测量项目	频数	百分比
年龄	30 岁以下	90	35.1
	30 ~ 50 岁	133	52.0
	50 岁以上	33	12.9
民族	回族	188	73.4
	汉族	49	19.1
	其他少数民族	19	7.4
学历	初中及以下	94	36.7
	高中或专科	116	45.3
	大学及以上	46	18.0
职位	普通员工	87	34.0
	基层管理人员	50	19.5
	中层管理人员	63	24.6
	高层管理人员	56	21.9

根据统计结果，被调查对象 52.0% 集中在 30 ~ 50 岁；从民族分布情况看，回族占 73.4%，少数民族总人数占总样本的 80.8%，非常符合本章的研究要求；样本中学历为大学及以上的人员占 18.0%；该调查对象中普通员工数量略多，总体职位人数比例分布较为均匀。该样本的调查范围较为广泛，样本比例占比合理，符合本节的研究要求。

三、量表数据分析

（一）量表信度与效度分析

信度与效度的分析是保证问卷有较高可靠性和有效性的前提，本问卷主要包括 6 个维度 34 个观测变量，量表信度系数检验如表 8-2 所示。

表 8-2 量表的信度检验

量表	项数	Cronbach's α	N
关系嵌入量表	6	0.808	254
结构嵌入量表	3	0.625	255
认知嵌入量表	5	0.692	255
技术创新量表	6	0.858	255
品牌进化量表	8	0.860	253
成长绩效量表	6	0.738	254
总量表	34	0.935	249

从信度系数的接受度来讲，本套问卷各因子量表的 Cronbach's α 系数值除结构嵌入和认知嵌入量表略低外，其余系数值均大于 0.7，总量表的 Cronbach's α 系数值也在 0.9 以上，说明该问卷有很好的内在一致性。

利用 SPSS 20.0 对数据的 KMO 和 Bartlett 系数进行检验，结果如表 8-3 所示。

表 8-3 KMO 和 Bartlett 的检验

取样足够度的 Kaiser–Meyer–Olkin 度量		0.881
Bartlett 的球形检验	近似卡方	4481.287
	df	561
	Sig.	0.00

表 8-3 显示，KMO 的值为 0.881 介于 0.8 ~ 0.9，Bartlett's 球形检验的 χ^2 值为 4481.287（自由度为 561），达到显著性水平（$p<0.001$），说明总体的相关矩阵间有公共因子存在，适合进行统计分析。对样本数据进行 VARIMAX 方差正交旋转，最终提取特征根大于 1 的因子 6 个，分别对应 6 个观测变量，因子累计解释的变异量为 59.122%。主成分分析结果显示，样本效度符合要求，具体结果如表 8-4 所示。

表 8-4 因子解释的总方差

成分	初始特征值			提取平方和载入			旋转平方和载入		
	合计	方差百分比	累计百分比	合计	方差百分比	累计百分比	合计	方差百分比	累计百分比
1	11.278	33.169	5.996	17.635	17.635	33.169	5.996	17.635	17.635

续表

成分	初始特征值			提取平方和载入			旋转平方和载入		
	合计	方差百分比	累计百分比	合计	方差百分比	累计百分比	合计	方差百分比	累计百分比
2	2.774	8.159	3.964	11.659	29.294	41.328	3.964	11.659	29.294
3	1.738	5.112	2.821	8.298	37.592	46.440	2.821	8.298	37.592
4	1.580	4.646	2.604	7.658	45.250	51.086	2.604	7.658	45.250
5	1.397	4.109	2.525	7.426	52.676	55.195	2.525	7.426	52.676
6	1.335	3.927	2.192	6.446	59.122	59.122	2.192	6.446	59.122

注：提取方法为主成分分析。

（二）变量相关性分析

1. 网络嵌入与技术创新能力相关性分析

在回归分析中将关系嵌入、结构嵌入、认知嵌入作为自变量，技术创新能力作为因变量，结果发现，指标符合线性关系，可以建立线性模型。且数据显示网络嵌入（$\beta=0.303$，$p<0.001$）与技术创新能力显著相关（见表8-5）。假设H1a、H1b、H1c得到验证。

表8-5 网络嵌入与技术创新能力的相关性

模型	R	R^2 调整	标准 R^2	估计误差	F	Sig.
1	0.681[a]	0.457	0.464	0.618	72.119	0.000[b]

注：a.因变量：技术创新能力；b.预测变量：（常量），认知嵌入、结构嵌入、关系嵌入。

2. 网络嵌入与品牌进化相关性分析

在回归分析中将关系嵌入、结构嵌入、认知嵌入作为自变量，品牌进化作为因变量，结果发现，指标符合线性关系，可以建立线性模型。且数据显示网络嵌入（$\beta=0.809$，$p<0.001$）与品牌进化显著相关（见表8-6）。假设H2a、H2b、H2c得到验证。

表8-6 网络嵌入与品牌进化的相关性

模型	R	R^2 调整	标准 R^2	估计误差	F	Sig.
1	0.699[a]	0.483	0.483	0.575	79.203	0.000[b]

注：a.因变量：品牌进化；b.预测变量：（常量），认知嵌入、结构嵌入、关系嵌入。

3. 技术创新能力与品牌进化相关性分析

在回归分析中将技术创新能力作为自变量，品牌进化作为因变量，结果发现，指标符合线性关系，可以建立线性模型。且数据显示技术创新能力（$\beta=1.021$，$p<0.001$）与品牌进化呈显著相关（见表8-7）。假设 H3 得到验证。

表 8-7　技术创新能力与品牌进化的相关性

模型	R	R^2调整	标准 R^2	估计误差	F	Sig.
1	0.76[a]	0.578	0.576	0.52	342.76	0.000[b]

注：a.因变量：品牌进化；b.预测变量：（常量），技术创新能力。

4. 技术创新能力、品牌进化与成长绩效相关性分析

在回归分析中将技术创新能力和品牌进化作为自变量，成长绩效作为因变量，结果发现，指标符合线性关系，可以建立线性模型。且数据显示技术创新能力（$\beta=1.493$，$p<0.001$）与品牌进化呈显著相关（见表8-8）。假设 H4、H5 得到验证。

表 8-8　技术创新能力、品牌进化与成长绩效的相关性

模型	R	R^2调整	标准 R^2	估计误差	F	Sig.
1	0.637[a]	0.401	0.406	0.55	84.422	0.000[b]

注：a.因变量：品牌进化；b.预测变量：（常量），技术创新能力。

（三）模型构建

网络嵌入企业社会关系对企业成长的影响，可以通过关系嵌入、结构嵌入和认知嵌入来度量，企业不仅是技术的创新，也是品牌进化的结果，由此从技术创新能力和品牌进化两个方面分析企业成长过程，并最终是否影响企业的成长绩效。企业技术创新能力和品牌进化作为中介变量影响企业成长绩效。由此形成模型，如图8-2所示。

基于以上分析，利用结构方程软件 AMOS 22.0 对模型进行估计，如果给出的绝对拟合指数、相对拟合指数、简约拟合指数符合给定的指标，则说明数据与模型拟合效果较好。经过计算获得模型的拟合优度指标，符合判别标准。模型假设检验结果如表8-9所示。

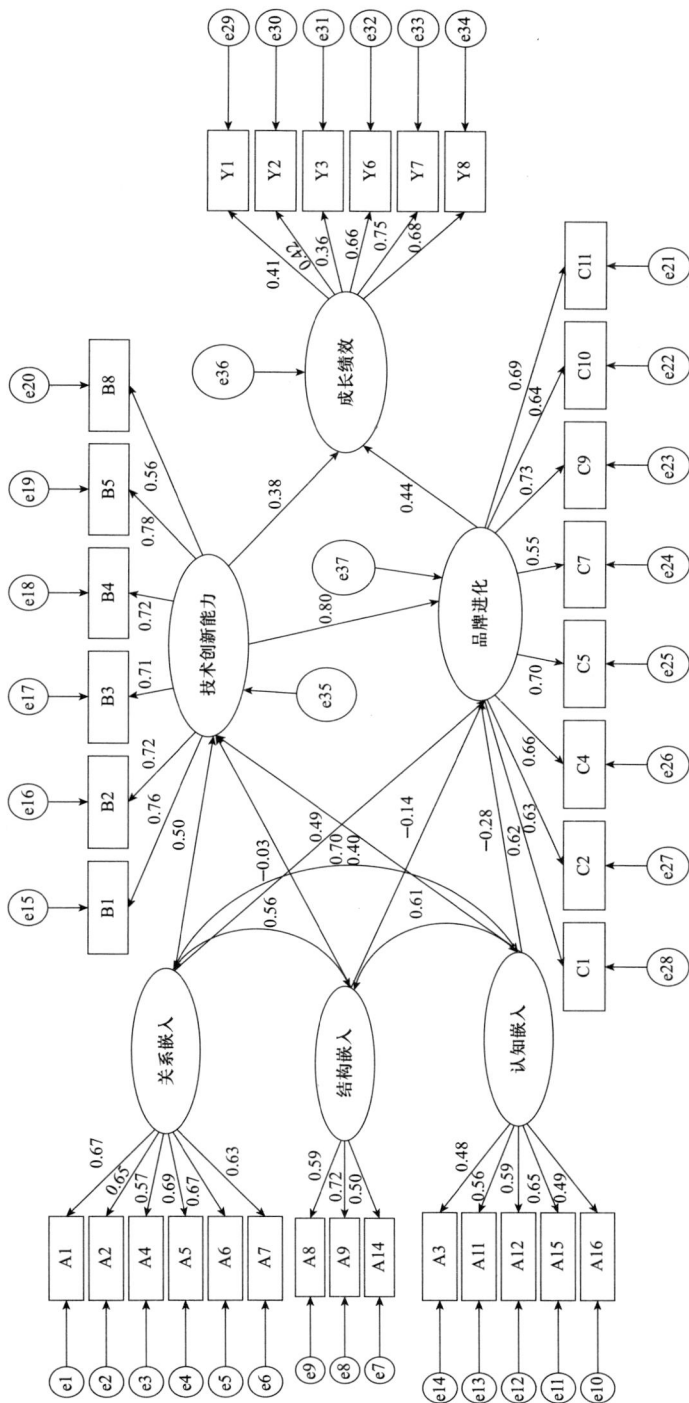

图 8-2 网络嵌入、双元能力与成长绩效模型

表 8-9　模型的拟合效果

	绝对拟合指数			相对拟合指数		简约拟合指数			
	CMIN	CFI	RMSEA	TLI	NFI	IFI	PNFI	PCFI	χ^2/df
模型	1778.204	0.694	0.098	0.646	0.623	0.7	0.54	0.601	3.453

基于表 8-9 对拟合指数的计算，并进一步对数据分析，可以得到检验结果，如表 8-10 所示。

表 8-10　假设检验结果

序号	路径	路径系数	标量估计	临界比	显著性水平	对应假设	检验结果
1	技术创新能力←关系嵌入	0.504	0.120	4.828	***	H1a	支持
2	技术创新能力←结构嵌入	−0.030	0.132	−0.325	0.745	H1b	不支持
3	技术创新能力←认知嵌入	0.400	0.193	3.239	**	H1c	支持
4	品牌进化←关系嵌入	0.486	0.132	4.553	***	H2a	支持
5	品牌进化←结构嵌入	−0.135	0.123	−1.698	0.09	H2b	不支持
6	品牌进化←认知嵌入	−0.279	0.197	−2.376	*	H2c	不支持
7	品牌进化←技术创新能力	0.800	0.129	6.634	***	H3	支持
8	成长绩效←品牌进化	0.436	0.101	2.354	*	H4	支持
9	成长绩效←技术创新能力	0.379	0.106	2.096	*	H5	支持

注：*、**、*** 分别表示 p 值在 0.05、0.01、0.001 水平上显著。

从表 8-10 的检验结果看：在显著水平下，网络嵌入对企业技术创新能力和品牌进化具有显著的正向影响，对网络嵌入做具体分析发现，结构嵌入对技术创新能力影响不显著（H1b），同时结构嵌入对品牌进化的影响不显著（H2b），认知嵌入对品牌进化的影响不显著（H2c）。技术创新能力与品牌进化正相关（H3），品牌进化和技术创新能力对成长绩效正相关（H4，H5），构成影响企业成长的双元能力，其中，品牌进化和技术创新能力对网络嵌入与成长绩效起到重要的中介效应。

（四）结果讨论

（1）网络嵌入与技术创新能力的结果分析。研究结果表明，网络嵌入对老字号的技术创新能力具有较为显著的影响，根据模型测算，关系嵌入与技术创新能力的路径系数是 0.504（p<0.001），显示老字号与供

应商、用户、同行或者其他服务机构交流产品和技术创新知识，相互信任与合作、获取市场信息等方式会影响企业的技术创新能力。但在测量老字号企业在与合作企业的结构嵌入与技术创新能力关系中结果不支持，说明本区域企业数量，老字号与合作伙伴信息共享、双赢互惠等因素对老字号企业技术创新能力影响力较小。在访谈中，大多数老字号认为，企业的技术创新能力主要来自内部的传承。认知嵌入对老字号技术创新能力具有显著影响，路径系数为 0.400（$p<0.01$），说明老字号在区域的影响力、技术水平影响都对企业技术创新能力产生影响，企业根据市场反应逐步提升技术创新能力。

（2）网络嵌入与品牌进化的结果分析。在网络嵌入对品牌进化影响三个方面的测量数据中，关系嵌入与品牌进化具有显著影响，在显著性水平下，路径系数为 0.486（$p<0.001$），说明老字号企业与本地的供应商、用户、同行或者其他服务机构合作过程中，有稳固的合作关系，通过交流产品及获取技术创新知识，获得市场信息，获得行业技术发展的新信息，建立合作，以及互相信赖都可以促进其品牌的进化。品牌理念、品牌形象和品牌产品通过与合作伙伴、顾客的紧密关系不断进化，从而获取良好的发展，但企业在市场中的位置及市场认知却没有获得与品牌进化关系的支持数据，显示老字号在品牌进化过程中的独立性。

（3）品牌进化与技术创新能力的结果分析。技术创新与品牌进化共同推动着企业的成长，构成企业成长的双元能力。根据模型测算，技术创新能力与品牌进化的路径系数达到 0.800（$p<0.001$），显示二者具有显著影响。在测度老字号企业技术资源投入、技术研发所处的位置、获得技术信息以及新技术决策等题项中，可以反映企业技术创新能力，其对品牌进化的影响主要表现在顾客品牌知识、企业自身的市场运营能力以及企业学习能力，其中，技术创新带来的市场形象可以有效的影响品牌进化，获得良好的市场形象。

（4）技术创新能力、品牌进化与成长绩效的结果分析。每个企业的成长都反映了企业技术的贡献和品牌的贡献。在分析技术创新能力对企业成长绩效的贡献中，在显著性水平下，路径系数为 0.379（$p<0.05$），测量系数偏低。一方面，说明企业技术创新能力对企业成长的贡献，如技术创新在同行的位置、新技术决策对企业成长的推动；另一方面，反

映出企业认为技术创新能力与企业成长关联并不是直接反映在财务绩效或市场绩效中。同样的测量表现在品牌进化对成长绩效的关系上，在显著性水平下，路径系数为 0.436（p<0.05），说明来自顾客品牌知识的吸纳、企业利用老字号的品牌优势以及企业的学习能力可以有效促进品牌进化，进而提升企业的财务绩效和市场绩效，但这是一个长期的过程，对企业成长绩效的贡献需要技术创新能力和品牌进化双元能力配合，这也反映了现实的运营状况。

四、研究结论与政策建议

（一）研究结论

产品创新、市场创新、管理创新以及制度创新、文化创新都被定义为推动企业成长的重要影响因素。经历了"能力—核心能力—吸收能力和动态能力—创新能力"研究历程，创新能力成为企业成长的核心来源。基于知识演进的品牌进化直接推动企业成长，由此构建的网络嵌入、双元能力与企业成长模型，自变量是关系嵌入、结构嵌入、认知嵌入，技术创新能力、品牌进化是中间变量，因变量是成长绩效。研究表明如下：

（1）社会网络是影响老字号成长的重要因素，社会网络嵌入使老字号在与供应商、中间商、服务商及顾客交易过程中获取市场信息促进了品牌进化；获取技术信息促进了技术创新能力提升；区域文化、民族文化、政府政策的融入共同推动了企业发展；通过相互合作推动了企业成长。

（2）社会网络对企业成长的影响需要通过技术创新能力和品牌进化的中介作用提升绩效。企业成长既受到内生因素形成的内部关系网络的影响，也受到外生因素形成的区域文化、政治等社会网络的影响。区域文化的嵌入使企业带有显著的地域民族文化特色，政治关系网络的嵌入使企业在政策支持和市场驱动平衡。研究结果表明，基于网络嵌入视角分析企业成长，可以揭示社会网络知识和能力影响下的技术创新能力企业品牌进化双元能力与企业成长的关系，为企业成长路径提供了全新的视角。

（3）技术创新能力对品牌进化呈正相关。老字号技术创新能力是长期继承和创新形成的，一方面，保持传统产品和服务技术和工艺，另一方面，不断创新以适应市场变化的需求，由此在市场竞争中表现为品牌的竞争，融合创新理念推动品牌进化。通过不断利用外部市场知识、技术创新知识、吸收顾客意见提升了老字号品牌形象，由此促使老字号产品传承、新产品开发、技术创新到品牌理念、品牌形象创新，并不断成长。

（4）技术创新能力和品牌进化共同促进企业成长。内外部社会网络的嵌入影响着企业创新能力提升和品牌进化，并通过知识的转移和流动推动着企业成长。

（二）政策建议

本章从理论上探讨了网络嵌入视角下技术创新能力与品牌进化双元能力对企业成长绩效的影响机制，并建立了网络嵌入—双元能力—成长绩效的逻辑关系，通过老字号企业实证分析了模型，并进行了验证。从促进老字号发展角度看，本章具有重要的政策指导价值。

（1）营造有利的营商环境，通过网络嵌入性获取资源和信息，促进企业成长。在以网络为主导的现代社会中，社会网络关系从各个领域影响着企业的运营，而企业通过嵌入网络获取资源和信息，以获取竞争优势。从政府角度需要营造良好的营商环境，不断改革完善促进企业成长的体制机制，塑造良好的政务环境；完善促进企业交易的流程和贸易措施，创造有利的市场环境；加强法制建设，营造公平有序的法治环境；不断加强社会文明建设，营造融洽的人文环境。

（2）积极争取网络中有利的位置，通过网络嵌入性获得互补资源，促进企业成长。在竞争市场中，处于优势竞争地位的企业更有利于获得市场的关注，表现在社会网络中是不断与社会网络互动，获取社会网络信任。加强关系嵌入，促使企业与供应商、中间商、服务供应商、客户的合作，促进市场信息、客户信息、技术信息、产品信息共享，提高企业应对市场的能力；加强结构嵌入，促进企业争取网络中的有利位置，获取更高的成长绩效；加强认知嵌入，不断提升企业在区域网络的知名度，融入区域民族文化，强化企业特色获得更好的市场定位。

（3）提升企业的学习能力，加强网络嵌入下双元能力的建设。在网络嵌入背景下，来自社会网络的资源、信息不断流动和转移，形成多元的知识源和知识网络，企业在运营过程中需要不断提升学习能力。首先，以知识积累促进网络知识的转化和共享，提升企业双元能力；其次，通过学习有效嵌入社会网络，以知识网络关系质量促进技术知识流动，通过技术联盟、技术合作、技术共享提升技术创新能力；最后，通过学习以信任加强社会网络知识交流，促进知识外溢，推进品牌理念、品牌知识、品牌形象进化，推进企业品牌进化的知识转移。

（4）加强技术创新能力与品牌进化的双元能力整合，加强联动机制建立，不断提升成长绩效。本章通过深入老字号企业探索技术创新和品牌进化的路径，研究老字号企业创新能力提升与品牌进化之间的关联机制研究发现，技术创新能力与品牌进化具有显著的正向关系，加强老字号技术创新能力可以有效促进品牌进化。因此，首先，企业要深入研究双元能力独特的关联机制，分析创新能力与品牌发展轨迹和经营特色，研究促进甘宁青地区老字号企业成长模式；其次，从组织机构再造、流程再造角度加强企业双元能力整合，构建联动关系，协调技术研发和品牌战略行动；最后，以进化的思维分析企业技术创新能力提升和品牌进化行动，在网络嵌入背景下加强技术与品牌的演进和发展。

社会网络对企业成长的嵌入和影响是长期形成的。基于网络嵌入视角分析创新能力提升与品牌进化关联机制和企业成长路径具有重要的理论价值，通过揭示企业成长之间复杂的、深层次的关系和变动规律，可以促进民族地区老字号企业发展。虽然本章对网络嵌入视角的老字号技术创新能力和品牌进化对成长绩效进行了深入分析，但在实际运营过程中，社会网络如何影响老字号技术创新能力和品牌进化的机理及路径，技术创新能力与品牌进化的关联机制和互动路径等问题还没有进行更深入的探讨，这将成为今后进一步研究的方向。

第九章　网络嵌入视角下老字号企业成长案例研究

> 在战略上藐视敌人在战术上重视敌人。
>
> ——毛泽东
>
> 经营与扩张的每一个过程与知识增长的过程密不可分。
>
> ——彭罗斯

【本章导读】1837 年，蒂埃利·爱马仕在法国开设了第一间马具专营店，伴随着企业发展，爱马仕将产品拓展至手提袋、旅行袋、丝巾、香水等产品，成为横跨全方位生活的代表。同样的例子还包括奔驰、雀巢、达能等众多耳熟能详的国外品牌。在时光的穿梭中不断探索市场的需求，既有技术的进步，更有品牌形象的变迁，才使企业屹立百年而不倒。中华老字号同样存在着历经百年以上的企业，如同仁堂、瑞蚨祥绸布店、六必居，都是赫赫有名的老字号，传承着中华民族悠久的商业文化和技术，它们不断创新，赢得了市场的口碑。伴随着现代市场的发展和顾客需求的变化，探索中华老字号企业成长的路径和发展的机理，挖掘老字号成长秘籍，有助于推动众多优秀的中国企业走出国门，成为像爱马仕一样的世界品牌。

一、引言

党的十九大报告提出"培育具有全球竞争力的世界一流企业"。企业是最具活力和贡献的主体，在国家创新驱动发展战略实施中发挥着重要的作用。它们对社会经济发展和国家经济安全具有独特的意义。受新冠肺炎疫情影响、中美贸易争端加剧的背景下，中国企业面临诸多新的困难和挑战，由此可见，对企业可持续健康成长进行深入研究具有现实意义。一个企业往往需要通过寻找合作伙伴来建立合作网络，再利用商业模式创新创造价值以此促进企业成长。但是，我国许多企业仍处于成长期，企业要想实现可持续发展，就必须提高核心竞争力，而企业核心竞争力的形成、发展、保持和再创造，都有赖于企业的创新活动。作为企业创新的重要支撑，网络嵌入逐渐成为中国企业的核心命题。所以，越来越多的学者开始聚焦研究网络嵌入对企业成长的影响，并致力于从多个角度进行切入。无论是何种类型的企业，通常都需要面临快速变化的环境，并在其所处的交易市场中伴随着激烈的竞争。因此，企业需要在发展的过程中对已有的资源与能力进行动态管理，尽可能多地获取资源以提升企业能力，这样才能够使企业在复杂的动态环境下建立相适应的体系，获得持续的竞争优势。许多企业由于能力不足等问题，仅依靠内部资源已无法满足其快速成长的需求，而网络嵌入可以帮助企业获取更多信息与资源形成竞争优势，帮助网络内部的企业获得成长的资源和资本，所以网络嵌入被视为当前企业接触和获取外部资源的一种重要途径，对企业成长具有重大意义。

从已有的文献看，对网络嵌入与企业成长的相关研究结论并不相同，这些差异体现出对此研究继续深入下去的必要性。虽然之前已经有研究关注到网络嵌入与新创企业（彭伟，2017；李慧，2020）、中小企业（陶秋燕，2017）、海归创业企业（彭伟，2017；杨俊，2018）等企业成长的关系研究，并有彭伟（2017）、杨保军[①]等将组织双元性理论引入到网络嵌入研究领域，探索性地提出了双重网络嵌入均衡概念，但目前国内外学者对企业成长双重网络前因开展的研究比较匮乏，没有剖析企业双重网络嵌入的形成机理，并且鲜有研究探讨双重网络嵌入影响企业成长的内在作用机制。除此之外，现有相关文献更多从静态视角探讨网络嵌入对企业成长的影响，较少从动态视角探讨问题。本章希望在前人研究的基础上，一方面拓展和深化对网络嵌入与企业成长关系的理解，为促进企业发展提供有效指引方向，另一方面从新的视角了解当前

---

① 杨保军.网络嵌入、双元能力与老字号企业成长绩效研究［J］.北方民族大学学报，2020（4）：56-62.

我国网络嵌入下企业成长的机理，为我国企业通过利用网络嵌入而促进企业成长提供理论支持和实践参考。

二、理论基础

（一）企业成长理论综述

企业成长是一个动态演变的过程，研究的视角不同，对企业成长的概念界定也不同。古典经济学用分工解释企业成长的问题，分工可以获得规模经济利益，促进企业以更低的成本获得更大产量。亚当·斯密指出，在规模经济决定企业成长的经典经济理论基础上，企业规模的扩大降低了企业的灵活性和竞争力，企业家的有限生命和其对原企业的垄断将制约新企业的成长。此外，他还认为，外部经济和内部经济共同决定了企业的成长性，即充足的市场增长空间和更好的企业内部管理可以带来超越行业平均水平的效益[①]。马歇尔（1890）通过引入外部经济、企业家生命有限性和居于垄断的企业避免竞争的困难三个要素，将稳定的竞争均衡条件与企业成长联系起来，用于解释企业成长问题。

伴随着古典经济学理论的发展，对企业成长的探索成为新古典经济学和新制度经济学的重要命题，科斯（1937）、钱德勒（1977）、威廉姆森（1985）等分别从均衡理论、交易费用理论、成长制度变迁等角度分析了企业成长的因素和机制。伴随着现代经济学和管理学的发展，对企业成长的讨论已经突破了传统的经济学范畴，成长为管理学研究的重要课题。Larry 将企业成长看作一个动态的生命过程，进而提出了企业生命周期理论[②]。Porter 从企业所拥有的资源激活和配置力量角度考察企业规模边界，认为企业的规模边界应该被设定在对关键性的资源和外部力量行使最大化的战略控制的临界点[③]。李业认为，企业的发展过程实际上分为初生、成长、成熟和衰退四个阶段，企业生命的各阶段均应以企业生命过程中的不同状态来界定[④]。通过以上对企业成长理论的简要分析可以看出，从经济学角度，企业成长与分工、劳动力、资本交易费用

---

① 亚当·斯密.国民财富的性质和原因的研究［M］.北京：商务印书馆，1972.

② Larry E. Greiner.［M］. New York：Free Press，1975.

③ Porter M E. Competitive strategy［M］. New York：Free Press，2000.

④ 李业.企业生命周期的修正模型及思考［J］.南方经济，2000（2）：47–50.

等关键要素密切相关。从管理学角度看，企业能力、社会网络、营销等是影响企业成长的重要因素，在进一步研究中，需要我们结合企业管理实际来实证分析和研究探索影响企业成长的因素。

（二）网络嵌入理论

"网络嵌入"的概念最早由国外学者格兰诺维特提出并进行了论述。格兰诺维特认为，嵌入的网络机制是信任，社会上所产生的经济行为嵌入其中，人们生活中的社会网络是核心的社会结构[①]。

Zukin 和 Dimaggio 认为，嵌入是一种在多种因素影响下，经济活动因其影响产生的现象或状态，可能的因素有文化、政治、社会结构等多方面[②]。

Barber（1995）深入分析拓展了嵌入的概念及意义，认为嵌入概念的提出极大地推动了经济学和社会学的研究发展，强调了市场交易机制作为一种假设绝对化倾向，是理性、独立和非人格化的。

Uzi（1996）随后进一步认为，组织内部的嵌入关系，是信息在组织间进行相互交换从而形成的特定关系，还能通过共享信息、相互信任和共同解决问题等方面考量。企业所处的市场和产业本身就是以网络的形式存在的，网络嵌入能够帮助企业获取更多信息与资源、形成竞争优势，从而帮助网络内部的企业获得成长的资源和资本。

Kwon 等认为，网络规模的扩大，增加了商业企业创业成功的可能性。创业研究认为，企业可以通过网络关系使用或获取其他实体控制的资本，从而建立对资源和知识的掌握、占有及信息优势[③]。

国内对网络嵌入的研究多从关系嵌入和结构嵌入两个维度入手。关系嵌入的重点是关注主体与主体之间的信任、互相促进能否带来经济利益等关系特征，这有利于外部知识和信息的获取。网络关系不仅为组织分配和交换资源创造了机会，而且为扩展知识来源和挖掘不同类型的资

---

① Granovetter, Mark.Economic action and social structure: The problem of embeddedness [J].American Journal of Sociology, 1985, 913（11）: 481 –510.

② Sharon Zukin, Paul Dimaggio. Preface [J]. Theory and Society, 1986, 15（1–2）: 7–14.

③ Schiele Holger, Ellis Scott C. G.G. Kwon, Adler. Managing supplier satisfaction: Social capital and resource dependence frameworks [J]. Australasian Marketing Journal, 2015, 23（2）: 7–14.

源提供了灵活性，同时丰富和提高了组织的创造力及绩效①。结构嵌入描述的是行动者所处的位置以及网络的密度、规模等结构性特征。结构嵌入认为，占据结构洞能获得掌握更多信息流动和控制权力的位置优势，占据结构洞的企业具有获取重要或关键资源和信息的能力。网络嵌入一般所要解决的关键问题是在"内忧外患"的环境下突破资源约束、推动机会开发、促进资源能力形成、提升资源配置能力、克服新小弱性及形成竞争优势等。

钱锡红等从结构嵌入性角度研究，认为企业在网络中处于好的位置或占据结构洞能提高创新绩效②。

彭伟等主要研究了双重网络嵌入与海归创业企业成长之间的关系，证实了他们之间具有显著的正向影响③。

黄嘉文通过研究发现，动态的社会网络对企业知识活动具有倒"U"形关系④。

姜忠辉等利用扎根理论研究发现，网络主体随嵌入网络的发展不断提升结构洞位势是企业结构嵌入的主要演化特征⑤。

卢启程等指出，动态能力在知识网络嵌入与企业成长关系中存在中介作用⑥。

三、案例概况

（一）案例选择

社会网络是影响企业运营活动的重要因素，也同样影响老字号企业发展，因此，网络嵌入是分析老字号企业成长的变量。为此，课题组在

---

① 尹俣潇，梅强，徐占东.创业网络关系嵌入与新创企业成长——创业学习的中介作用［J］.科技管理研究，2019，39（5）：199-206.

② 钱锡红，徐万里，杨永福.基于战略联盟的科技型中小企业成长研究——以诺信公司为例［J］.软科学，2010，24（5）：87-89+94.

③ 彭伟，朱晴雯，符正平.双重网络嵌入均衡对海归创业企业绩效的影响［J］.科学学研究，2017，35（9）：1359-1369.

④ 黄嘉文.企业社会网络总是有用吗？—— 一个文献综述［J］.科研管理，2019，40（9）：57-64.

⑤ 姜忠辉，罗均梅，孟朝月.动态能力、结构洞位势与持续竞争优势——青岛红领1995～2018年纵向案例研究［J］.研究与发展管理，2020，32（3）：152-164.

⑥ 卢启程，梁琳琳，景浩.知识网络嵌入影响农业集群企业成长的作用机理研究——以斗南花卉产业集群为例［J］.科研管理，2020，41（7）：262-270.

长期研究的基础上选择甘宁青地区著名的老字号马子禄牛肉面公司作为研究对象。

中华老字号企业是基于中国本土文化成长起来的长寿企业，植根于中国传统文化，了解中国消费者习惯，从而形成了独特的市场地位。甘宁青地区的老字号是区域标志性品牌，在更广泛的区域具有较高的市场知名度，成为区域内外消费者口碑相传的消费品牌。老字号是基于本土成长起来的企业，从网络嵌入角度来说，本土的消费者、合作伙伴等老字号外部主体长期合作形成了相互信任、互惠的关系，促进了老字号的成长。长期植根于区域中心的马子禄牛肉面公司建立起来的社会网络关系促进了企业发展，也支撑了企业品牌的知名度和美誉度，因此，本章选择马子禄牛肉面作为研究案例。

（二）资料来源

为获得本书案例的素材，课题组进行了深入调查。

首先，收集了近10年甘肃、兰州统计公报，从宏观角度分析了甘宁青地区经济社会发展情况。在此基础上查阅了兰州文史资料、甘肃老字号等相关史料，近期相关企业新闻、研究文章等，形成了对马子禄牛肉面老字号企业发展历史的了解。

其次，拟定半结构化问卷，形成基于网络嵌入与企业成长的问题。问题主要包括：①请谈一下您对企业历史和您自己的工作经历；②请介绍一下您对兰州饮食文化和市场的认识；③马子禄牛肉面的主要顾客有哪些？④企业顾客和合作伙伴主要提了哪些意见？⑤企业与顾客、合作伙伴有哪些沟通方式？⑥企业成长的环境对公司有什么影响？⑦老字号企业传承和发展主要依靠什么？⑧您对马子禄牛肉面企业未来发展有什么设想？基于以上问题，课题组联系了马子禄牛肉面公司负责人和管理人员，并进行了较为详细访谈，且随机对正在消费的顾客进行了访问。基于以上调查和访谈，形成了访谈资料以供本章研究。

（三）企业发展历程

每个地区都有自己独特的历史文化，也会形成独具特色风味饮食。兰州地处西北内陆，依山傍水。大陆性季风气候明显，降水少，日照多，光能潜力大，气候干燥，昼夜温差大，夏无酷暑，冬无严寒，属温带夏短冬长半干旱季风气候。自古以来，兰州就是丝绸之路的著名城市，占据联系内陆与西部地区的交通要道，商贾云集，贸易繁荣，成为汇集南北菜系的中心。借鉴回族和汉族饮食优点，融合南方与北方城市的菜式特点，兰州形成了独具西北特色的兰州菜系，牛肉面是其中重要的代表。

牛肉面对于兰州人来说，无论是日常饮食还是消费心理，都须臾不可分离。徜徉在兰州街头，随处可见各种各样的牛肉面馆的招牌。金鼎、金强、占强、马有布、黄师傅等形形色色的幌子迎面而来，一个个头顶白帽的回族小伙子像变魔术一样将一团面瞬间拉成"毛细""二细""一窝丝"等形状，令人叹为观止。"兰州牛肉面"发展历史悠久，已经成为兰州一张响亮的名片，每年甘肃要开一次牛肉拉面节，以推广这张代表城市形象的名片。在这一系列牛肉面品牌中，有一家老店格外引人注目，它就是享誉西北乃至全国的老字号——马子禄牛肉面。

1. 老字号起源

相传在清朝光绪年间，兰州有个马保子，经营的清汤牛肉面很有名气。它融会山东的福山拉面和敦煌拉面之长，创造出了"热锅子牛肉面"，以"汤清者亮、肉烂者香、面细者长"见长。1919 年，马保子开了一间铺面，专营牛肉面，第一次挂出了"兰州清汤牛肉面"的招牌，成为兰州牛肉面最早的由来。经过多年发展，兰州清汤牛肉面在继承先辈传统加工工艺的基础上更有所发展，成为今天兰州市面上各具特色的牛肉面馆，马子禄牛肉面成为其中经典的代表。

在当时的兰州，大多数餐饮是在街边设摊销售，马子禄的父亲马福德就是挑着担子在街边卖"热锅子面"和凉面，精湛的拉面技艺、周到热情的态度使顾客盈门。1938 年，马福德去世，独子马子禄接手经营"福源居"，在酒泉路开设了二层小楼的餐馆，食客云集，后在日本飞机轰炸兰州时被毁。受此重创，马子禄开始临街摆摊设点，继续经营牛肉面。国民党政权崩溃前夕，经济萧条，货币贬值，马子禄的牛肉面因无法正常营业而停业。

2. 老字号成长

1954 年，随着社会主义改造的逐步推进，兰州的许多店铺纷纷通过公私合营变为国有企业。马子禄牛肉面馆也参加了公私合营，马子禄成为兰州饮食公司的一名职工，"马子禄牛肉面"同年正式挂牌。很快，由于马子禄精湛的牛肉面技艺，赢得了顾客的喜爱，也赢得了饮食公司职工的信任，公司任命马子禄担任门市部的主任，负责饮食公司在滨河路、临夏路、酒泉路、武都路等门市的牛肉面技术和管理。在当时顾客的眼中，只要马子禄到了哪里，哪里的顾客就水泄不通，人们都愿意品尝马子禄做的牛肉面。

伴随着改革开放，原有餐饮、服务行业的国有企业逐步退出，许多饭馆、门市部被个人承包，兰州饮食公司的许多门市逐步承包给职工。位于武都路的禄谊轩饭馆被职工承包了下来，马子禄被饭馆返聘回来担任主厨，饭馆改为"马子禄牛肉面"，并在1991年注册。多年来积累的声誉使饭馆一开张便顾客盈门，生意非常好。在经营过程中，由于原来是职工承包，权力分散，马子禄看到这种情况，将饭馆主动承包下来，这家有20多人的饭馆逐渐声名远扬。马继祖是马子禄的长子，多年跟随父亲学到了一手好厨艺，随着马子禄承包饭馆，他逐步参与了饭馆的管理，接替成为马子禄牛肉面馆的当家人。2001年4月8日，马继祖将位于武都路的饭馆迁到张掖路的大众巷，并购买了原企业的股份，成立"马子禄牛肉面有限责任公司"，并担任公司董事长兼总经理。2011年，由于传承清晰、历史悠久、影响深远，马子禄被商业部授予"中华老字号"称号。

3. 老字号发展

兰州牛肉拉面的起源与兰州民族地域分布有密切关系。牛肉拉面的饮食习惯与甘肃特殊的地理环境密不可分，成为兰州市民早餐文化的重要标志。马子禄牛肉面在长期发展中注重品牌文化的打造。借助"中华老字号的优势"打造兰州牛肉拉面第一品牌，使"马子禄牛肉面"成为外地游客耳熟能详的首选品牌。饭店注重关键技术的打造和传承，努力提升核心竞争力。

牛肉面的关键技术在外行来看是拉面的技术，经过拉面师傅的手工抻拉，一团面瞬间或宽如薄带、或窄如韭叶，或粗如荞棱、或细如银丝，甚至可以穿针。但这仅仅是表象，真正的关键技术是调汤的技艺。马子禄牛肉面馆坚守着调汤的技艺，每天调料的过程都由创始者马子禄亲自来做，甚至开分店的时候，配方都由总店掌握，汤从大众巷总店一桶一桶地送出。关键技术的坚守，使马子禄牛肉面始终保持着较高的顾客口碑。

品牌背后必然是文化，兰州牛肉面是兰州饮食的文化遗产，马子禄牛肉面更是将这份遗产发扬光大。2001 年 4 月 8 日，马子禄牛肉面有限责任公司成立，在店面装修、企业形象、产品标准等方面都做了的规范。为了更好地提升店内文化，展示百年老店文化蕴涵，特别定制一批青花瓷面碗，碗底将加盖"马子禄牛肉面"特有印章，主要向就餐的外地游客赠送和销售，使品牌特色更加明显。

作为区域内重要的老字号企业，地道的地方名片，马子禄牛肉面同样面临着老字号企业共同面对的问题，是像其他牛肉面品牌店一样大举扩张、走连锁的道路，还是固守传统特色，在区域内发展。在新时代，马子禄牛肉面正谨慎地探索着未来的发展道路。

四、网络嵌入视角下企业成长理论模型的构建

网络中各个行动者间的关系质量和关系结构决定了企业间知识学习活动的协同作用及知识创新能力的提高。嵌入社交网络有利于企业知识的交流、扩散和共享，以实现企业知识的积累和创新，不断提升企业的技术优势和创新能力，从而建立长期的竞争优势。

通过对已有文献进行总结归纳发现，国内针对网络嵌入与企业成长绩效间关系的研究主要是构建网络嵌入与企业成长绩效的关系模型，分别就吸收能力（梁娟，2015）、创业学习（李慧，2020；尹俣潇，2018）、技术创新（陶秋燕，2017）和动态能力（卢启程，2020）对企业成长所起的中介效应做出探讨。梁娟等认为，网络嵌入对知识创造性能的影响取决于动态能力，但不同能力的中介作用机制有差异；吸收能力在关系嵌入和知识嵌入的作用过程中发挥完全中介效应，而创造能力在结构嵌入和知识嵌入的作用过程中发挥完全中介效应[①]。

李慧等通过研究发现，产业网络的网络规模、网络异质性与网络中心性 3 个维度均对新创企业绩效具有显著正向影响；网络结构的差异会影响创业者 3 个层面的知识获取；创业学习在产业网络中心性影响创业绩效过程中发挥全部中介效应；而创业学习在网络异质性与网络规模影

---

① 梁娟，陈国宏 . 多重网络嵌入、知识整合与知识创造绩效［J］. 科学学研究，2019，37（2）：301-310.

响创业绩效过程中发挥部分中介作用[①]。

尹俣潇等指出，创业网络关系强度正向影响新创企业绩效；创业认知学习、经验学习、实践学习在创业网络关系嵌入与创业成长的关系中发挥部分中介作用，尤其创业经验对新创企业成长绩效有显著影响[②]。

陶秋燕和孟猛猛通过研究发现，网络嵌入的网络中心度维度与中小企业成长呈显著的正相关关系，技术创新在网络中心度和企业成长关系之间起部分中介作用，技术动荡性负向调节网络中心度和技术创新的关系，正向调节技术创新和企业成长的关系[③]。

以上学者通过构建反映网络嵌入与企业成长作用关系的理论模型，并对其进行实证研究，讨论了网络嵌入通过吸收能力、技术创新、创业学习等中介促进企业成长，进一步揭示了网络嵌入影响企业成长的内在机理，有助于厘清网络嵌入与企业成长之间关系。但目前许多关于网络嵌入的研究仍从单一的视角出发，缺乏同时基于结构嵌入、关系嵌入、知识嵌入多重视角的研究成果。根据以上文献的分析，本章建构了研究理论框架。如图 9-1 所示。

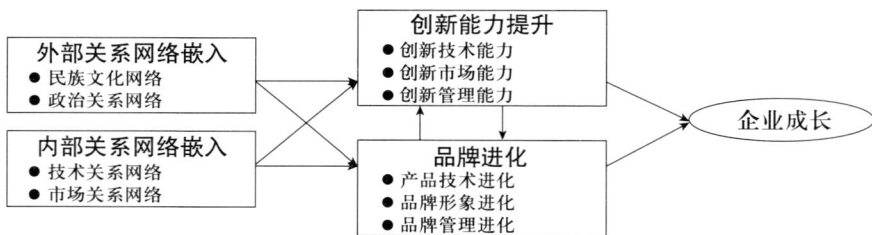

图 9-1　企业成长概念模型

在企业成长概念模型中，基于网络嵌入形成对企业创新能力提升和品牌进化，从而促进企业成长。

首先，学术界对企业成长的研究是在彭罗斯企业成长理论研究基础上不断衍生而得出的结论。基于产品与工艺的企业创新能力、基于市场

---

① 李慧，梅强，徐占东.产业网络结构嵌入、创业学习与新创企业成长关系研究［J］.技术与创新管理，2020，41（3）：238-245+275.

② 尹俣潇，梅强，徐占东.创业网络关系嵌入与新创企业成长——创业学习的中介作用［J］.科技管理研究，2019，39（5）：199-206.

③ 陶秋燕，孟猛猛.网络嵌入、技术创新和中小企业成长研究［J］.科研管理，2017，38（S1）：515-524.

开拓与创造的市场创新、基于管理制度与组织的管理创新以及制度创新、文化创新、市场创新等创新理论等方式被定义为推动企业创新与成长的重要影响因素。伴随着研究的深入，能力理论、品牌理论成为影响企业成长的重要因素，经历了"能力—核心能力—吸收能力和动态能力—创新能力"研究历程，创新能力成为企业成长的核心来源。不同来源的技术知识、管理制度、营销能力的提升，也包括内生性创造新知识能力的提升，促进了企业成长。

其次，从外部市场角度来说，品牌已经成为企业市场创新与营销创新的焦点，基于知识演进的品牌进化直接推动企业成长。

网络嵌入视角下外部社会网络对创新能力提升与品牌进化如何影响，如何实现创新能力提升与品牌进化联动，对此课题组将构建本章的理论模型，并通过实证研究检验模型的效果。本章从外部关系网络、内部关系网络嵌入分析网络嵌入与企业创新能力和品牌进化关系，以分析网络嵌入视角下老字号企业创新能力提升与品牌进化相互关联，并促进企业成长。

（一）社会网络嵌入对技术创新能力的影响

技术和品牌是企业成长的两驾马车，技术创新推动企业产品技术的提升以更适应市场的需要，品牌进化促进企业品牌文化、品牌理念的提升，由此企业在传承和发展中成长。马子禄牛肉面的成长同样是在网络嵌入背景下促进企业技术创新能力提高。老字号成功的关键在于产品的成功。产品的生产、制造技术崛起于本土文化的培育，从而促进了技术能力的提升。

牛肉面起源于兰州，相传最初开创于马保子的"热锅子面"，随着市场的发展，众多同行相互学习，共同将这种新的饮食方式变成家喻户晓人人喜爱的面食产品。在这其中，马子禄牛肉面的传承人积极从配方中寻找技术创新的方向，创立了牛肉面"汤汁"技术，从选料、加工制作和拉面味道方面突出"三精"的特点。要做到这些，首先来自区域文化的影响，基于西北地区牛羊肉饮食结构、面食饮食形成的区域文化网络深刻影响了马子禄牛肉面的技术创新能力，从而推进这一产品生产技术的发展。

理论文献研究表明，网络嵌入对老字号企业的技术创新能力具有较为显著的影响，技术创新与品牌进化共同推动着企业的成长构成企业成长双元能力的结论。杨道建等构建创业网络双重嵌入、双元创业学习、自我效能以及大学生新创企业绩效内在逻辑关系模型，实证分析了网络结构嵌入和关系嵌入对大学生新创企业绩效的影响[1]。在转型经济情境下，实施双重网络嵌入战略已经成为许多企业成长过程中的重要战略选择。就双重网络嵌入与企业成长之间的直接影响关系而开展理论与实证的研究，为此类问题提供了全新多元的视角。但研究结论大多只停留在网络结构嵌入和网络关系嵌入对企业成长有正向或负向影响，缺乏对企业成长影响进行更有深度与广度的研究。企业往往处于动态发展的过程，不同的发展阶段可能会导致不同的研究结果，仅从静态视角探讨网络嵌入对企业成长的影响有些片面，还应从动态视角出发而研究问题。

（二）网络嵌入对企业品牌的影响

网络嵌入背景下企业技术创新能力的提升，促进了产品生产制造工艺和技术的提升，促进了产品营销价值提升。网络嵌入对企业品牌进化也产生显著的影响。

王松等（2019）通过实证研究发现，结构嵌入、关系嵌入和文化嵌入通过胜任感的中介作用影响顾客参与企业发起的价值共创和顾客自发的价值共创；关系嵌入和文化嵌入通过归属感的中介效应影响客户参与企业发起的价值共创；社区支持在胜任感和顾客参与两种类型的价值共创方面起着积极的作用。

张强和李晓彤（2018）探讨了环境动态性在网络嵌入、社会责任与品牌价值关系中的整合边界效应。研究结果表明：网络嵌入与制造企业的品牌价值之间存在正相关关系，关系嵌入、认知嵌入和结构嵌入程度越高，品牌价值越高；技术动态性在网络嵌入与品牌价值关系中具有显著的整合边界作用；市场动态性在认知嵌入、关系嵌入与品牌价值的作用过程中也具有整合边界作用，但社会责任在结构嵌入与品牌价值关系中的路径作用并未受到市场动态性的影响。

马子禄牛肉面在创立过程中传承人凭借高超的产品制作工艺和技

① 杨道建，李洪波，徐占东，顾加慧.网络双重嵌入与大学生新创企业绩效：双元创业学习的中介与自我效能的调节作用［J］.科技进步与对策，2020，37（13）：28-36.

术，良好的顾客关系，严谨的经营策略获得了顾客的认同，企业的市场影响力开始扩散，企业的品牌就是传承人品牌。伴随着时间的推移，以及市场的竞争、竞争对手的模仿等社会网络环境的变迁，多元的因素推动了企业在产品制造工艺提升，并在此基础上促进了品牌理念、品牌形象的提升，从而促进了品牌进化。

（三）网络嵌入对企业成长的影响

马子禄牛肉面作为甘宁青地区标志性品牌，作为独特历史民族文化、政治变迁影响下的老字号，度过了社会变革、政治风云和体制变迁，实现了企业的成长，深刻影响着区域内企业的发展。马子禄牛肉面的发展历史表明，面对竞争激烈的市场，建构了良好的社会关系、顾客关系、合作关系的企业嵌入由此构成的社会网络中，推动着企业技术创新和品牌进化。伴随着多年的发展，企业所面临的市场和技术环境更加复杂，网络技术的应用使知识扩散速度加快，依靠企业创新能力获得的先行者的优势容易丧失，依靠老字号品牌获取的市场份额也迅速被竞争对手蚕食。

通过对理论与文献的梳理发现，学者普遍认为，网络嵌入无论是对企业发展还是对品牌发展都能带来益处，能提高企业绩效和促进企业成长。企业在社会网络与关系伙伴之间往往通过共享资源和知识来共同解决问题，这样不仅能够降低风险与交易成本，也提高了双方利益，为企业的生存和发展带来了优势。网络嵌入是影响企业成长的重要路径，对于企业而言，企业应积极参与到企业间合作的网络中，努力与供应链上下游企业、顾客、政府部门和同行业等建立紧密联系，让自己不断获得资源和信息优势。同时，企业利用社会网络关系，可以实现市场扩张，促进企业快速发展。网络嵌入表征了企业在网络中的位置、地位及其与网络中其他企业之间的相互关系，这些属性决定了企业在网络中所能聚集、整合和配置的资源数量，进而影响了企业在网络中的行为和绩效。不仅如此，与其企业相关联的网络节点越多，企业与网络中其他主体的联系越多，企业越有可能提高信息的获取能力，越有利于企业成长。

五、结论与建议

网络嵌入是影响企业成长的重要路径，结构嵌入、关系嵌入、认知嵌入的交互效应对企业成长的影响是未来研究的重要方向之一。同时，须加强探索企业内外部环境动态性、复杂性等因素在网络嵌入中影响企业成长的调节效应。马子禄牛肉面案例反映了社会网络可以帮助企业改进产品和服务，以满足市场需求。在高信任背景下，老字号企业与社会网络相互交流获得市场口碑和品牌影响力。通过社会网络传播，企业得以进入新市场，并凭借自身良好的经营资源和能力，在新市场中构建起新的社会网络，从而推进企业发展，实现成长和壮大。由此，本章构建的理论模型成立。

为进一步促进企业发展，根据马子禄牛肉面的案例和理论研究，本章提出如下建议：

（1）企业应最大限度地利用网络嵌入获取资源和信息以促进企业成长，同时提高企业创新意识并以基于网络化的开放式创新模式积极从事创新活动，及时调整企业战略，不断为企业的战略升级提供机会。

（2）企业要加强学习，提升自身学习能力。企业通过学习可以积累到知识，而知识的积累又能够促进网络知识的转化和共享，提升企业双元能力。不仅如此，对企业来说，创新能力也非常重要，通过学习与创新可以不断为企业的战略升级提供机会。同时，加强社会网络知识交流，促进知识外溢，将学习到的知识在企业内部及时有效地进行传播、共享与整合，这样才有利于创新在企业内部不断发生。

参考文献

［1］菲利普·科特勒，凯文·莱恩·凯勒．营销管理（第 15 版）［M］．何佳讯等译．上海：格致出版社，上海人民出版社，2016．

［2］菲利普·科特勒，凯文·莱恩·凯勒、卢泰宏．营销管理（第 13 版）［M］．卢泰宏，高辉译．北京：中国人民大学出版社，2011．

［3］杨保军．甘宁青地区老字号品牌进化研究［M］．北京：经济管理出版社，2016．

［4］杨保军．老字号品牌进化案例研究［M］．北京：经济管理出版社，2019．

［5］徐淑英，任兵、吕力．管理理论构建论文集［C］．北京：北京大学出版社，2016．

［6］肯·G. 史密斯，迈克尔·A. 希特．管理学中的伟大思想［M］．北京：北京大学出版社，2016．

［7］卢泰宏．品牌思想简史［M］．北京：机械工业出版社，2020．

［8］凯文·莱恩·凯勒．战略品牌管理（第四版）［M］．王海忠，陈增祥译．北京：机械工业出版社，2021．

［9］戴维·阿克，埃里克·乔基姆赛勒．品牌领导［M］．耿帅译．北京：机械工业出版社，2012．

［10］戴维·阿克．管理品牌资产［M］．吴进操译．北京：机械工业出版社，2012．

［11］戴维·阿克．创建强势品牌［M］．李兆丰译．北京：机械工业出版社，2012．

［12］艾·里斯，杰克·特劳特．定位［M］．谢伟山，苑爱冬译．北京：机械工业出版社，2013．

［13］王劲波．网络嵌入性对知识获取的影响研究——以中国制造企业为例［J］．厦门大学学报（哲学社会科学版），2012（6）：126-134．

［14］王松，丁霞，李芳.网络嵌入对虚拟品牌社区顾客参与价值共创的影响研究——自我决定感的中介和社区支持的调节［J］.软科学，2019，33（11）：107–112.

［15］张强，李晓彤.网络嵌入对制造业企业品牌价值影响机理与作用边界的整合［J］.北京理工大学学报（社会科学版），2018，20（3）：90–97.

［16］吴晓波，刘雪锋，胡松翠.全球制造网络中本地企业知识获取实证研究［J］.科学学研究，2007（3）：486–492.

［17］窦红宾，王正斌.网络结构对企业成长绩效的影响研究——利用性学习、探索性学习的中介作用［J］.南开管理评论，2011，14（3）：15–25.

［18］尹苗苗，李秉泽，杨隽萍.中国创业网络关系对新企业成长的影响研究［J］.管理科学 2015，28（6）：27–38.

［19］朱福林，陶秋燕.中小企业成长的社会网络关系研究——以北京市科技型中小企业调研数据为例［J］.科学学研究，2014，32（10）：1539–1545.

［20］黄中伟，王宇露.关于经济行为的社会嵌入理论研究述评［J］.外国经济与管理，2007（12）：1–8.

［21］陈晓红，马鸿烈.中小企业技术创新对成长性影响——科技型企业不同于非科技型企业？［J］.科学学研究，2012，30（11）：1749–1760.

［22］钱旭潮，张昌国，陈清爽.基于技术创新和品牌联动成长的科技企业成长阶段模型——来自中国企业案例［J］.科技管理研究，2020，40（18）：141–149.

［23］施放，王静波，蒋天颖.企业社会网络关系嵌入对技术创新能力影响的实证研究——基于不同技术创新阶段的视角［J］.浙江社会科学，2014（1）：79–86+95+157.

［24］魏江，许庆瑞.企业创新能力的概念、结构、度量与评价［J］.科学管理研究，1995（5）：50–55.

［25］高建.科技起飞和中国企业技术创新能力的成长［J］.清华大学学报（哲学社会科学版），2000（3）：18–26+59.

［26］张军，许庆瑞，张素平.知识积累、知识激活与创新能力关系研究［J］.中国管理科学，2014，22（10）：142–148.

［27］王喜文.“形势与政策”专题讲稿［J］.时事报告（大学生版），2015（1）：2–3.

［28］蒋键，刘国建，朱小强.论技术能力语境下的技术权力［J］.探求，2013（3）：112–116.

［29］熊彼特.熊彼特经济学概论［J］.国企管理，2019（23）：18.

［30］戴·艾米顿.知识经济的创新战略——智慧的觉醒［M］.北京：新华出版社，1998.

［31］顾国祥，李元旭.中国国有企业技术创新的能力分析［J］.财经研究，1993（8）：17–22.

［32］傅家骥，程源.知识创新与技术创新［J］.中国科技月报，1999（8）：3–5.

［33］陈劲，龚焱，雍灏.技术创新信息源新探：领先用户研究［J］.中国软科学，2001（1）：86–88+121.

［34］骆珣，张振伟.高新技术中小企业技术创新能力评价指标体系的构建［J］.现代管理科学，2007（9）：70–71.

［35］秦德智，赵德森，姚岚.企业文化、技术创新能力与企业成长——基于资源基础理论的视角［J］.学术探索，2015（7）：128–132.

［36］杜俊义，冯罡.技术创新动态能力理论研究综述［J］.科技管理研究，2020，40（6）：1–6.

［37］王坤.网络嵌入性与企业技术创新关系实证研究综述［J］.科技创业月刊，2016，29（1）：88–92.

［38］陶秋燕，孟猛猛.网络嵌入性、技术创新和中小企业成长研究［J］.科研管理，2017，38（S1）：515–524.

［39］解学梅，王宏伟.网络嵌入对企业创新绩效的影响机理：一个基于非研发创新的有调节中介模型［J］.管理工程学报，2020，34（6）：13–28.

［40］杨张博.网络嵌入性与技术创新：间接联系及联盟多样性如何影响企业技术创新［J］.科学学与科学技术管理，2018，39（7）：51–64.

［41］叶英平，卢艳秋，肖艳红．基于网络嵌入的知识创新模型构建［J］.图书情报工作，2017，61（7）：102-110.

［42］杨金玉，陈世强．合作研发网络与企业二元创新——路径依赖导向的调节作用［J］.工业技术经济，2020，39（6）：21-28.

［43］杨保军．网络嵌入、双元能力与老字号企业成长绩效研究［J］.北方民族大学学报，2020（4）：56-62.

［44］杨保军，黄志斌．基于知识进化视角的技术创新与品牌进化耦合机制研究［J］.自然辩证法研究，2014，30（12）：30-35.

［45］孙育平．自主品牌的基因传承与进化［J］.企业经济，2008（1）：60-62.

［46］周大庆．企业战略成长与品牌构造研究：一个案例［J］.管理现代化，2009（2）：36-38.

［47］杨保军．基于甘宁青地区老字号的顾客品牌信任关系影响因素实证研究［J］.兰州商学院学报，2014，30（6）：115-120.

［48］马霖青，李飞，张语涵．企业购物狂欢节品牌的形成和成长机制——基于阿里巴巴"双十一"全球购物狂欢节的案例研究［J］.管理案例研究与评论，2018，11（6）：532-547.

［49］郭韬，李盼盼，乔晗，张春雨．网络嵌入对科技型企业成长的影响研究——组织合法性和商业模式创新的链式中介作用［J］.外国经济与管理，2021，43（7）：97-110.

［50］吴松强，何春泉，夏管军．江苏先进制造业集群：关系嵌入性、动态能力与企业创新绩效［J］.华东经济管理，2019，33（12）：28-34.

［51］向永胜，魏江，郑小勇．多重嵌入对集群企业创新能力的作用研究［J］.科研管理，2016（10）：7-8.

［52］谢洪明，张颖，程聪，陈盈．网络嵌入对技术创新绩效的影响：学习能力的视角［J］.科研管理，2014，35（12）：1-8.

［53］王核成，李鑫．企业网络嵌入性对创新绩效的影响——网络权力的中介作用及吸收能力的调节作用［J］.科技管理研究，2019，39（21）：122-129.

［54］邢源源，牛晓晨，李钊．科恩与利文索尔关于吸收能力理

论研究的贡献——科睿唯安"引文桂冠"经济学奖得主学术贡献评介 [J]. 经济学动态，2020（6）：148-160.

[55] 王雎. 吸收能力的研究现状与重新定位 [J]. 外国经济与管理，2007（7）：1-8.

[56] 王宛秋，张潇天. 谁更易在跨界技术并购中获益？[J]. 科学学研究，2019，37（5）：89-90.

[57] 张晓芬，刘强. 外部知识源化战略、吸收能力对突破性创新绩效的影响 [J]. 首都经济贸易大学学报，2017，19（6）：63-69.

[58] 王维，李璐璐，李宏扬. 新一代信息技术企业文化强度、吸收能力与并购创新绩效的关系研究 [J]. 软科学，2021，35（4）：49-54.

[59] 郭淑芬，郭金花，李晓琪. 合作创新质量、知识吸收能力与企业创新绩效——基于太原高新区科技型中小企业的实证研究 [J]. 南京工业大学学报（社会科学版），2017，16（3）：89-99.

[60] 李子彪，王楠，孙可远. 国际化行为对高新技术企业创新绩效的影响机理——基于吸收能力的中介效应 [J]. 科技管理研究，2019，39（8）：1-8.

[61] 邢乐斌，任春雪，曾琼. 开放度组合策略与创新绩效类型匹配关系研究——吸收能力的调节效应 [J]. 科技进步与对策，2021，38（1）：18-25.

[62] 周飞，沙振权. 吸收能力与新产品开发绩效关系研究 [J]. 财经论丛，2012（5）：91-96.

[63] 路娟，张勇，朱俊杰. 吸收能力对区域创新绩效与经济增长的调节效应研究 [J]. 宏观经济研究，2017（9）：107-118.

[64] 庞博，邵云飞，王思梦. 联盟组合管理能力与企业创新绩效：吸收能力的中介效应 [J]. 管理工程学报，2019，33（2）：28-35.

[65] 苏皑，康鹏胜，陶向南. 高管特征、吸收能力构建与创新绩效——基于高管特征差异程度的分析 [J]. 企业经济，2020（2）：60-67.

[66] 周锋，顾晓敏，韩慧媛，何建佳. 质量管理实践、吸收能力与创新绩效——基于船舶企业智能制造视角 [J]. 科技进步与对策，2021，38（7）：67-75.

[67] 陈玉萍，高强，谢家平. 研发国际化与企业创新绩效：吸收能

力的调节作用［J］.上海对外经贸大学学报，2020，27（6）：113–122.

［68］朱建民，王红燕.企业社会资本对创新绩效的影响研究——基于知识吸收能力的中介效应［J］.科技管理研究，2017，37（16）：215–223.

［69］王玉，张磊.网络关系构建对企业创新绩效的影响：吸收能力和组织学习方式的调节作用［J］.贵州财经大学学报，2018（6）：56–65.

［70］戴勇，朱桂龙，刘荣芳.集群网络结构与技术创新绩效关系研究：吸收能力是中介变量吗？［J］.科技进步与对策，2018，35（9）：16–22.

［71］王炳成，廉贞霞，姜爱萍.基于 Meta 分析的吸收能力与创新绩效关系研究［J］.技术与创新管理，2017，38（3）：248–255.

［72］魏凡，黄远浙，钟昌标.对外直接投资速度与母公司绩效：基于吸收能力视角分析［J］.世界经济研究，2017（12）：94–103+134.

［73］张莉侠，吕国庆，贾磊.技术引进、技术吸收能力与创新绩效——基于上海农业企业的实证分析［J］.农业技术经济，2018（9）：80–87.

［74］向丽，胡珑瑛.R&D 外包对企业经营绩效的影响：吸收能力的调节作用［J］.工业工程与管理，2018，23（1）：115–121.

［75］孙世强，陶秋燕.小微企业关系强度、知识共享与其创新绩效关系研究——吸收能力的调节效应［J］.科学决策，2019（5）：14–33.

［76］王海花，杜梅，孙芹，李玉.高新技术企业认定与区域创新绩效——区域位置与吸收能力的调节作用［J］.华东经济管理，2020，34（3）：37–43.

［77］綦良群，高文鞠.区域产业融合系统对装备制造业创新绩效的影响研究——吸收能力的调节效应［J］.预测，2020，39（3）：1–9.

［78］张方华，左田园.FDI 集群化背景下本土企业的网络嵌入与创新绩效研究［J］.研究与发展管理，2013，25（5）：70–80.

［79］李杰义，曹金霞，刘裕琴.双重网络嵌入性、吸收能力对创新绩效的影响研究——基于 258 家跨国制造企业的面板数据［J］.华东经济管理，2018，32（3）：134–140.

［80］艾志红.创新网络中网络结构、吸收能力与创新绩效的关系研究［J］.科技管理研究，2017，37（2）：26-32.

［81］姜照君，吴志斌.网络联结强度、知识吸收能力与文化企业创新绩效——基于江苏省国家级广告产业园的实证分析［J］.福建论坛（人文社会科学版），2018（8）：64-74.

［82］胡查平，冉宪莉.环境压力、制造企业知识密集服务网络嵌入与企业绩效［J］.技术经济，2020，39（9）：207-215.

［83］李桂华，赵珊，王亚.供应网络位置、吸收能力与企业创新绩效［J］.软科学，2020，34（12）：1-7.

［84］赫尔曼·哈肯，协同学：大自然构成的奥秘［M］.北京：译文出版社，2005.

［85］王立志，韩福荣.企业间的协同进化分析［J］.科技管理研究，2003（2）：19-21.

［86］王德利，高莹.竞争进化与协同进化［J］.生态学杂志，2005（10）：82-86.

［87］王一飞，孙立梅.基于知识转移的企业协同进化研究［J］.科技进步与对策，2010，27（24）：123-127.

［88］于超，朱瑾.协同进化的实现：从知识共享、资源拼凑到社群新稳态——基于五大在线社群的经验分析［J］.中国科技论坛，2018，4（7）：124-135.

［89］白列湖.协同论与管理协同理论［J］.甘肃社会科学，2007，4（5）：228-230.

［90］王举颖，赵全超.集群环境下科技型中小企业协同进化研究［J］.中国科技论坛，2009，4（9）：58-62.

［91］刘洁，梁嘉骅.初始领先优势和协同效应对企业竞争的影响研究［J］.华东经济管理，2012，26（9）：105-108.

［92］王慧.促进企业和产业集群协同进化的对策建议［J］.企业改革与管理，2019，4（11）：206-207.

［93］解学梅，刘丝雨.协同创新模式对协同效应与创新绩效的影响机理［J］.管理科学，2015，28（2）：27-39.

［94］王文华，张卓，蔡瑞林.开放式创新组织间协同管理影响知

识协同效应研究 [J].研究与发展管理，2018，30（5）：38-48.

[95] 何郁冰，邹雅颖，左霖锋.技术多元化、组织间知识协同与企业创新持续性的关系 [J].技术经济，2021，40（6）：47-58.

[96] 王兴元，李建伟.名牌价值内部评估及动态监控初探 [C] // 中国优选法统筹法与经济数学研究会、中国科学院科技政策与管理科学研究所.发展的信息技术对管理的挑战——99'管理科学学术会议专辑（下）.中国优选法统筹法与经济数学研究会、中国科学院科技政策与管理科学研究所：中国优选法统筹法与经济数学研究会，1999.

[97] 杨保军，王金云，景娥.西北民族地区企业品牌生态位界定与发展战略分析 [J].生态经济，2010（2）：191- 123.

[98] 黄俭，雷祺.品牌生态环境的机理与维护 [J].企业改革与管理，2004（11）：10-11.

[99] 郭龙军，徐艳梅，程昭力.R 选择 –K 选择、生态位及企业协同进化 [J].管理现代化，2005（2）：21-24.

[100] 殷红春.品牌生态系统复杂适应性及协同进化研究 [D].天津大学博士学位论文，2005.

[101] 陆鹏飞，贺红权.工业产业集群品牌生态系统协同机理及运行机制研究 [J].工业技术经济，2016，35（11）：102-108.

[102] 曹文豪，唐娣芬.数字智能化对企业品牌生态建构的路径探析 [J].中国商论，2021（10）：61-63.

[103] 徐淑平.科技型中小企业的协同进化研究 [J].商场现代化，2006（27）：84-85.

[104] 张铁男，程广仁，才华.战略视角下的企业进化能力研究 [J].管理世界，2006（10）：160-161.

[105] 林丽萍.基于知识协同进化的竞争力及其对中小企业的启示 [J].工业技术经济，2006（7）：23-25.

[106] 高晶，关涛，王雅林.价值网络中企业协同竞争机制的演化博弈分析 [J].哈尔滨工程大学学报，2007（10）：1176-1181.

[107] 李峰.科技企业集群内竞争与合作模型研究 [J].武汉理工大学学报，2009，31（14）：161-164.

[108] 张青山.企业系统：柔性、敏捷性、自适应 [M].北京：中

国经济出版社，2004.

［109］杨秀芝，李柏洲.企业适应能力的内涵及其提升对策研究［J］.管理世界，2007（4）：5-6.

［110］王宇露.企业生境优化的生态对策探讨［J］.商业时代，2007，4（34）：35+41.

［111］毛荐其，杨海山.技术创新进化过程与市场选择机制［J］.科研管理，2006（3）：5-6.

［112］胡伟.企业协同进化发展模式研究［J］.江苏商论，2007（4）：112-113.

［113］胡伟.企业协同进化机制研究［J］.企业活力，2008（3）：82-83.

［114］胡伟.企业协同进化理论探析［J］.广西社会科学，2007（11）：72-75.

［115］王举颖.集群企业生态位态势互动与协同进化研究［J］.北京理工大学学报（社会科学版），2010，12（4）：57-60.

［116］钱辉，张大亮.基于生态位的企业演化机理探析［J］.浙江大学学报（人文社会科学版），2006，4（2）：20-26.

［117］徐淑平.科技型中小企业的协同进化研究［J］.商场现代化，2006（27）：84-85.

［118］张玉明，刘德胜.中小型科技企业成长机制评价——指数构建与实证研究［J］.软科学，2009，23（11）：107-113.

［119］高照军，张宏如.企业成长与创新视角下的产业链升级研究［J］.科研管理，2019，40（5）：24-34.

［120］刘睿智.企业基因表达与调控机理研究［J］.山东大学学报（哲学社会科学版），2014（5）：139-150.

［121］张宏婧，张晨.基因视角下的企业二次创业路径［J］.财会月刊，2016（27）：52-57.

［122］夏天，张启望，张楠.企业基因对企业绩效作用机制研究［J］.企业经济，2021，40（2）：44-51.

［123］张玉明，段升森.创新型中小企业基因结构模型实证研究［J］.山东大学学报（哲学社会科学版），2013（4）：1-9.

［124］郭亮，綦良群，于渤.企业技术集成能力基因结构模型研究［J］.科研管理，2019，40（9）：211-220.

［125］侍冰冰.中华老字号企业发展前景探析［J］.合作经济与科技，2014（2）：12-13.

［126］张喜荣，何晶.中华老字号的新出路［J］.东方企业文化，2013（15）：121-122.

［127］王泗通，孙良顺.“老字号”品牌的危机管理与重塑——以南京新冠生园为例［J］.湖南社会科学，2017（5）：75-81.

［128］陈幼红.基于“互联网+”时代的中华老字号的发展策略研究［J］.中国商论，2015（20）：11-13.

［129］杨希娟，成瑾.战略型企业社会责任与企业竞争优势分析——以中华老字号企业为例［J］.工业经济论坛，2015（1）：87-98.

［130］钟远平，王冰松.通向可持续发展的协同进化理论研究进展［J］.生态经济，2009（12）：60-63.

［131］陈昱润.集群品牌与消费者体验协同进化研究［J］.现代管理科学，2019（1）：60-62.

［132］蒋丽芹，李思卉.网络结构嵌入、双元学习对企业突破性创新的影响［J］.商业经济研究，2020，4（13）：116-119.

［133］金明华，潘孟阳.社会网络视角下关系嵌入对消费者网络团购意愿的影响［J］.商业经济研究，2018，4（12）：52-56.

［134］吴楠，赵嵩正，张小娣.关系嵌入性、组织间学习能力与技术创新绩效关系研究［J］.科技管理研究，2015，35（9）：167-172.

［135］蔡薇.网络嵌入、商业模式优化与商贸流通企业绩效关系研究［J］.商业经济研究，2021（8）：102-105.

［136］孙永波，刘竞言.网络嵌入与企业合作创新绩效——联盟信任的中介效应［J］.科技管理研究，2020，40（12）：187-196.

［137］许骞.创新开放度、知识吸收能力对企业创新绩效的影响机制研究——基于环境动态性视角［J］.预测，2020，39（5）：9-15.

［138］杨利云.多元化经营、冗余资源吸收能力与工业企业财务绩效［J］.财会通讯，2019，4（27）：87-90.

［139］刘兰剑，司春林.网络嵌入性、跨组织学习与技术创新：几

个变量的测度［J］.现代管理科学，2011（10）：5-6.

［140］孙骞，欧光军.双重网络嵌入与企业创新绩效——基于吸收能力的机制研究［J］.科研管理，2018，39（5）：67-76.

［141］柳芳红，王建刚，吴洁.知识属性、吸收能力与企业绩效的关系研究［J］.科技管理研究，2015，35（18）：116-121.

［142］蒋天颖，孙伟.关系嵌入强度、知识吸收能力与集群企业技术创新扩散［J］.情报杂志，2012，31（10）：201-207.

［143］吴晨，杨震宁.企业边界依赖、吸收能力与创新：多案例研究［J］.技术经济，2021，40（4）：29-38.

［144］朱俊杰，徐承红.区域创新绩效提升的门槛效应——基于吸收能力视角［J］.财经科学，2017（7）：116-128.

［145］彭伟，朱晴雯，符正平.双重网络嵌入均衡对海归创业企业绩效的影响［J］.科学学研究，2017，35（9）：1359-1369.

［146］黄嘉文.企业社会网络总是有用吗？—— 一个文献综述［J］.科研管理，2019，40（9）：57-64.

［147］卢启程，梁琳琳，景浩.知识网络嵌入影响农业集群企业成长的作用机理研究——以斗南花卉产业集群为例［J］.科研管理，2020，41（7）：262-270.

［148］李晗.技术创新对营销绩效的影响［D］.重庆工商大学博士学位论文，2019.

［149］尹剑峰.吸收能力研究综述［J］.商学研究，2020，27（6）：120-128.

［150］李向波，李叔涛.基于创新过程的企业技术创新能力评价研究［J］.中国软科学，2007（2）：139-142.

［151］顾洁，胡雯，胡安安.空间集聚与网络嵌入对技术创新的非线性影响［J］.科学学研究，2019，37（9）：1721-1728.

［152］王石磊，王飞，彭新敏.深陷"盘丝洞"：网络关系嵌入过度与中小企业技术创新［J］.科研管理，2021，42（5）：116-123.

［153］曹勇，刘弈，谷佳，陈康辉.网络嵌入、知识惯性与双元创新能力——基于动态视角的评述［J］.情报杂志，2021，40（3）：182-186+174.

［154］段晓红，向龙斌.企业家创新行为、员工创新行为与低技术制造企业吸收能力关系研究［J］.科技管理研究，2019，39（14）：197-202.

［155］曹利军，黄泳.企业生态系统进化模型与进化机理研究［J］.企业经济，2012，31（3）：56-59.

［156］李蕊.技术驱动型并购的主体异质性、吸收能力与创新绩效研究［J］.生产力研究，2021（4）：131-136+141.

［157］汤清，陈海燕.技术创新、营销能力对企业绩效的影响研究［J］.科技管理研究，2015，35（9）：110-114.

［158］王宁，张波.技术创新与商业模式组态对创新企业绩效的影响［J］.财会月刊，2021（6）：59-66.

［159］黄海昕，李玲，高翰.网络嵌入视角下连锁董事网络与战略创业行为——吸收能力的调节作用［J］.科学学与科学技术管理，2019，40（12）：119-138.

［160］周礼，金晨晨.网络嵌入对企业绿色创新的影响与作用机制：吸收能力的中介作用［J］.科技进步与对策，2021，38（5）：79-86.

［161］万坤扬，陆文聪.公司创业投资与企业技术创新——吸收能力、卷入强度和治理结构的调节作用［J］.科学学与科学技术管理，2014，35（11）：117-128.

［162］朱乃平，朱丽，孔玉生，沈阳.技术创新投入、社会责任承担对财务绩效的协同影响研究［J］.会计研究，2014（2）：57-63+95.

［163］沈飞，周延，刘峻峰.专利执行保险、技术创新与企业绩效［J］.工业技术经济，2021，40（4）：119-128.

［164］邹波，张巍，王晨.从个体吸收能力到组织吸收能力的演化——以知识共享为中介［J］.科研管理，2019，40（1）：32-41.

［165］杨梦茹，余乐山，徐凝.企业吸收能力与创新绩效研究［J］.中国商论，2020（18）：136-139.

［166］何佳讯，李耀.品牌活化原理与决策方法探窥——兼谈我国老字号品牌的振兴［J］.北京工商大学学报（社会科学版），2006，21（6）：50-55.

［167］王焱，赵红，赵宇彤.品牌重叠概念与机理研究［J］.管理

评论，2013，25（11）：156–162.

［168］陈志军，张强.品牌构建导向下制造业企业网络嵌入的价值悖论——基于战略一致性的边界作用［J］.东岳论丛，2018，39（2）：67–76+191–192.

［169］张瑞林，李凌，王恒利.冰雪体育赛事品牌管理与品牌进化绩效的探析［J］.体育学研究，2018，1（2）：45–56.

［170］杨皖苏，殷丛丛，杨善林.品牌导向与企业绩效关系的实证研究——企业创新能力与社会环境信任度的中介和调节检验［J］.企业经济，2016，35（11）：20–25.

［171］杨保军.企业内部知识共享、品牌进化与营销绩效实证研究［J］.科技管理研究，2018，38（19）：159–164.

［172］崔海云，魏国辰.创新网络嵌入、外部知识获取与物流企业市场绩效关系［J］.中国流通经济，2017，31（1）：41–47.

［173］易朝辉.网络嵌入、创业导向与新创企业绩效关系研究［J］.科研管理，2012，33（11）：105–115.

［174］韩莹，陈国宏.多重网络嵌入与产业集群知识共享关系研究［J］.科学学研究，2016，34（10）：1498–1506.

［175］巩雪，刘海兵.企业技术创新能力与开放式创新策略选择［J］.中国科技论坛，2020（12）：54–66.

［176］田红云，贾瑞，刘艺玲.网络嵌入性与企业绩效关系文献综述——基于元分析的方法［J］.商业研究，2017（5）：129–136.

［177］童心，于丽英.知识网络演进视角下企业技术创新能力进化及政策建议［J］.科技进步与对策，2015，32（8）：95–100.

［178］李靖华，黄继生.网络嵌入、创新合法性与突破性创新的资源获取［J］.科研管理，2017，38（4）：10–18.

［179］刘胜楠，杨世忠.技术创新能力对企业绩效的影响研究——基于高管持股和董事会会议强度的调节效应［J］.财会通讯，2019（33）：43–46+61.

［180］单春霞，仲伟周，张林鑫.中小板上市公司技术创新对企业绩效影响的实证研究——以企业成长性、员工受教育程度为调节变量［J］.经济问题，2017（10）：66–73.

［181］陈雪颂，王志玮，陈劲.外部知识网络嵌入性对企业设计创新绩效的影响机制——以意义创新过程为中介变量［J］.技术经济，2016，35（7）：27–31+96.

［182］张军，许庆瑞.知识积累、创新能力与企业成长关系研究［J］.科学学与科学技术管理，2014（8）：86–95.

［183］康淑娟，安立仁.网络嵌入、创新能力与知识权力——基于全球价值链的视角［J］.科学学与科学技术管理，2019，40（9）：88–100.

［184］张强.网络嵌入、社会责任与品牌价值——基于制造业企业经验数据的实证研究［J］.山东社会科学，2018（7）：158–164.

［185］刘希宋，姜喜龙.企业创新能力与品牌竞争力关联性理论研究［J］.科学学研究.2007（6）：557–560.

［186］王俊峰.程天云.企业创新能力对品牌价值影响的实证研究［J］.软科学，2012（9）：10–14.

［187］王分棉，程立茹，王建秀.知识产权保护、技术创新与品牌成长——基于门槛面板回归分析［J］.北京工商大学学报（社会科学版），2015，30（4）：102–109.

［188］周大庆.企业战略成长与品牌构造研究：一个案例［J］.管理现代化，2009（2）：36–38.

［189］杨保军.知识管理、品牌进化与绩效的实证研究［J］.中国流通经济，2016，30（5）：62–71.

［190］陈佳贵.关于企业生命周期与企业蜕变的探讨［J］.中国工业经济，1995（11）：5–13.

［191］李业.企业生命周期的修正模型及思考［J］.南方经济，2000（2）：47–50.

［192］亚当·斯密.国民财富的性质和原因的研究［M］.北京：商务印书馆，1972.

［193］尹俣潇，梅强，徐占东.创业网络关系嵌入与新创企业成长——创业学习的中介作用［J］.科技管理研究，2019，39（5）：199–206.

［194］钱锡红，徐万里，杨永福.基于战略联盟的科技型中小企业成长研究——以诺信公司为例［J］.软科学，2010，24（5）：87–89+94.

［195］姜忠辉，罗均梅，孟朝月．动态能力、结构洞位势与持续竞争优势——青岛红领 1995–2018 年纵向案例研究［J］.研究与发展管理，2020，32（3）：152–164.

［196］梁娟，陈国宏．多重网络嵌入、知识整合与知识创造绩效［J］.科学学研究，2019，37（2）：301–310.

［197］李慧，梅强，徐占东．产业网络结构嵌入、创业学习与新创企业成长关系研究［J］.技术与创新管理，2020，41（3）：238–245+275.

［198］杨道建，李洪波，徐占东，顾加慧．网络双重嵌入与大学生新创企业绩效：双元创业学习的中介与自我效能的调节作用［J］.科技进步与对策，2020，37（13）：28–36.

［199］李小青，周建，温丰羽，乔朋华．连锁董事网络嵌入、认知距离与民营创业企业成长——基于创业板上市公司的经验证据［J］.预测，2020，39（1）：35–42.

［200］林恩·阿普绍．塑造品牌特征—市场竞争中通向成功的策略．戴贤远译［M］.北京：清华大学出版社，1999.

［201］Granovetter M.Economic action and social structure：The problemof embeddedness［J］. American Journal of Sociology.1985，91（3）：481–510.

［202］Dyer J H，Singh H.The relational view：Cooperative strategy and sources of inter organizational competitive advantage［J］.Academy of Management Review，1998，23（4）：660–679.

［203］Zukin，Dimaggio P.Structures of capital：The social organization of economy［M］.Cambridge，MA：Cambridge University Press，1990.

［204］Zhang，Jing–Yu；Nie，Ming；Yan，Bing–Sheng；Wang，Xing–Dong.Effect of network embeddedness on brand–related behavior intentions：Mediating effects of psychological ownership［J］. Social Behavior and Personality：An International Journal，2014，42（5）：721–730.

［205］Christina A.Kuchmaner Jennifer Wiggins Pamela E.Grimm Show more.The role of network embeddedness and psychological ownership in consumer responses to brand transgressions［J］. Journal of Interactive Market–

ing，2019，47（8）：129–143.

[206] Johannisson B，Pasillas M .The in stitutional embeddedness of localinter–firm networks：A leverage or business creation [J] .Entrepreneurship & Regional Development，2002，14（4）：297–315.

[207] McEvily B.Zaheer A.Bridging ties：A source of firm heterogeneity in competitive capabilities [J].Strategic Management Journal.1999，20(12)，1133–1156.

[208] Gertler M.S.Wolfe D.A. and Garkut D.No place like home? The embeddedness of innovation in a regional economy [J] .Review of International Political Economy，2000，7（4），688–718.

[209] Nicola E.Stokburger–Sauer.The relevance of visitors' nation brand embeddedness and personality congruence for nation brand identification，visit intentions and advocacy [J] . Tourism Management，2011，6（32）：1282–1289.

[210] Burgelman，R.A.，Maidique，M.A. and Wheelwright，S.C. Strategic management of technology and innovation [M] . Irwin，Chicago，IL.1996.

[211] Polanyi，K. The great transformation：The political and economic origins of ourtime [M] . Boston：Beacon Press by Arrangement with Rinehart，1994.

[212] Uzzi，B. The sources and consequences of embeddedness for the economic performance of organizations：The network effect [J] . American Sociological Review，1996，61（4）：674–698.

[213] Zukin，S.Dimaggio，P. Structures of capital：The social organization of the economy [M] . Cambridge，MA：Cambridge University Press，2015.

[214] Burgeman R，Maidique M.A.Strategic management of technology and innovation [M] .New York：Mc Graw–Hill Inc，1996.

[215] SeldenL & MacMillan，I.C.Manage customer–centric innovation–systematically [J] . Harvard Business Review，2006，84（4）：108–116.

[216] Selnick，Leadership in administration [M] .New York：Har2p–

er&Row, 1957.

[217] Geum Y, Lee S, Yoon B, et al. Identifying and evaluating strategic partners for collaborative R&D: Index-based approach using patents and publications [J] .Technovation, 2013, 33 (6): 211-224.

[218] He Y, Lai K K, Sun H, et al. The impact of supplier integration on customer integration and new product performance: The mediating roleof manufacturing flexibility under trust theory [J] . International Journal of Production Economics, 2014 (147): 260-270.

[219] Al-Tabbaa O, Ankrah S. Social capital to facilitate "engineered" university industry collaboration for technology transfer: A dynamic perspective [J] . Technological Forecasting and Social Change, 2016 (104): 1-15.

[220] Achcaoucaou F, Miravitlles P, León-Darder F. Do we really know the predictors of competence-creating R&D subsidiaries? Uncovering the mediation of dual network embeddedness [J] . Technological Forecasting & Social Change, 2017 (116): 181-195.

[221] Ryu S, Cho H J, Kim K. Effects of network embeddedness on the relationship between environmental volatility and interfirm contracts [J] . Journal of Business-to-Business Marketing, 2013, 20 (3): 139-153.

[222] Guo Y, Zhen G, Liu F. Non-R&D-based innovation activities and performance in Chinese SMEs: The role of absorptive capacity [J] . Asian Journal of Technology Innovation, 2017, 25 (1): 1-19.

[223] Kotler P. Behavioral models for analyzing buyers [J] . Journal of Marketing, 1965, 29 (4): 37-45.

[224] Simon H. Dynamics of price elasticity and brand life cycles: An empirical study [J] . Journal of Marketing Research, 1979, 16 (4): 439-452.

[225] Ewing M T. Integrated marketing communications measurement and evaluation [J]. Journal of Marketing Communications, 2009, 15(2-3): 103-117.

[226] Burt Ronald.Structure holes: The social structure of competition [M] .Cambridge: Harvard University Press, 1992.

[227] Gunawan, P Gerardus, B J Tji, K Richard. The use of absorp-

tive capacity in improving the new product development NPD〔J〕. Journal of Physics：Conference Series，2017，801（1）：7-14.

〔228〕Cohen W. M，Levinthal D. A. Absorptive capacity：A new perspective onlearning and innovation〔J〕Admin. Sci. Quart. 1990，35（1）：128-152.

〔229〕Cohen W.M，Levinthal D.A.Fortune favors the prepared firm〔J〕. Management Science，1994，40（2）：227-251.

〔230〕Mowery D C，Oxley J E. Inward technology transfer and competitiveness：The role of national innovation systems〔J〕. Cambridge Journal of Economics，1995，19（1）：67-93.

〔231〕Kim L. Crisis construction and organizational learning：Capability building in catching-up at hyundai motor〔J〕. Organization Science，1998（9）：506-521.

〔232〕Lane P J，Lubatkin M. Relative absorptive capacity and interorganizational learning〔J〕. Strategic Management Journal，1998，19（2）：461- 477.

〔233〕Lichtenthaler F W.Nitromethan-Kondensation mit Dialdehyden，I.Synthese von 2-Amino-cyclohex an-diolen-（1.3）〔J〕.European Journal of Inorganic Chemistry，2010，96（3）：845-853.

〔234〕Patterson W，Ambrosini V. Configuring absorptive capacity as a key process for research intensive firms〔J〕. Technovation，2015（36-37）：77-89.

〔235〕Huang K F，Lin K H，Wu L Y，et al. Absorptive capacity and autonomous R&D climate roles in firm innovation〔J〕.Journal of Business Research，2015，68（1）：87-94.

〔236〕Paul F.Skilton，Ednilson Bernardes，Mei Li，Steven A.Creek. The structure of absorptive capacity in three product development strategies〔J〕.Journal of Supply Chain Management，2020，56（3）：7-14.

〔237〕Juliana Conceição Noschang da Costa，Shirlei Miranda Camargo，Ana Maria Machado Toaldo，Simone Regina Didonet. The role of marketing capabilities，absorptive capacity，and innovation performance〔J〕. Marketing Intelligence & Planning, 2018, 36（4）: 7–14.

［238］Julia Backmann, Martin Hoegl, John L. Cordery. Soaking it up: Absorptive capacity in interorganizational new product development Teams［J］. Journal of Product Innovation Management, 2015, 32（6）: 7–14.

［239］Haishan Liang, Wei Sun, M.M. Fonseka, Feng Zhou. Goal orientations, absorptive capacity, and NPD team performance: Evidence from China［J］. Chinese Management Studies, 2019, 13（2）: 7–14.

［240］Wenpin Tsai. Knowledge transfer in intraorganizational networks: Effects of network position and absorptive capacity on business unit Innovation and performance［J］. The Academy of Management Journal, 2001, 44（5）: 7–14.

［241］Saeed Najafi Tavani, Hossein Sharifi, Sohrab Soleimanof, Manoochehr Najmi. An empirical study of firm's absorptive capacity dimensions, supplier involvement and new product development performance［J］. International Journal of Production Research, 2013, 51（11）: 7–14.

［242］Małgorzata Stefania Lewandowska. Capturing absorptive capacity: Concepts, determinants, measurement modes and role in open innovation［J］. International Journal of Management and Economics, 2015, 45（1）: 7–14.

［243］Nikolaos Tzokas, Young Ah. Kim, Hammad Akbar, Haya Al-Dajani. Absorptive capacity and performance: The role of customer relationship and technological capabilities in high-tech SMEs［J］. Industrial Marketing Management, 2015（47）: 7–14.

［244］Hannan M.T, J.H.Freeman. Structural inertia and organizational change［J］.Amer. Sociological Rev.1984（2）: 7–14.

［245］Janzen D H.When is it coevolution?［J］.Evolution, 1980（34）: 611–612.

［246］Aaker David A., Keller Kevin Lane. Interpreting cross-cultural replications of brand extension research［J］. North-Holland, 1993, 10(1): 7–14.

［247］Dave Cliff , Geoffrey F. Mille.Co-evolution of pursuit and evasion Ⅱ: Simulation methods and results［M］.Cambridge MA: MIT Press, 1995.

［248］Arie.Y.Lewin，Henk.W. Volberda. Prolegomena on co-evolution：A framework for research on strategy and new organizational forms［J］. Organization Science，1999（1）：102-105.

［249］Sahin A. How to incorporate corporate social responsibility into DNA of the companies?［J］.European Journal of Marketing and Economics，2018（1）：7-14.

［250］Christopher M.Moore，Stephen A.Doyle. The evolution of a luxury brand：The case of Prada［J］.International Journal of Retail & Distribution Management . 2010（11）：7-14.

［251］Jazen，KUBOTA Naoyuki，KOJIMA Fumio. K-0216 shape estimation of multiple cracks by coevolutionary optimization［J］. The proceedings of the JSME annualmeeting，2001（1）：7-14.

［252］Richard Harris，Astrid Krenz，John Moffat.The effects of absorptive capacity on innovation performance：A cross - country perspective［J］. Journal of Common Market Studies.2020（1）：1 - 19.

［253］Shaker A. Zahra，Gerard George. Absorptive capacity：A review，reconceptualization，and extension［J］. The Academy of Management Review，2002，27（2）：7-14.

［254］Schiele Holger，Ellis Scott C. G.G. Kwon & Adler. Managing supplier satisfaction：Social capital and resource dependence frameworks［J］. Australasian Marketing Journal，2015，23（2）：7-14.

［255］Freeman LC.A set of measures of centrality based upon betweenness［J］. Sociometry，1979（40）：35 -41.

［256］Eno Gregory Ukpong，Imeofon Idongesit Udoh，Iniabasi Thomas Essien. Artificial intelligence：Opportunities，issues and applications in banking，accounting，and auditing in nigeria［J］. Asian Journal of Economics，Business and Accounting，2019（1）：7-14.

［257］Dong Young Kim.Understanding supplier structural embeddedness：A social network perspective.［J］.Journal of Operations Management，2014（1）219-231.

［258］Lehu J M. Back to life! Why brands grow old and sometimes die and what managers then do an exploratory qualitative research put into the French context [J] .Journal of Marketing Communications, 2004, 10 (2): 133–152.

[259] Nathalie, J.Ghosh AL, S.Social capital, intellectual capital, and the organizational advantage [J] . Academy of Management Review, 1998, 23 (2): 242 –266.

[260] Uzzi B.Social structure and competition in interfirm networks: The paradox of embeddedness [J] . Administrative Science Quarterly, 1997, 42(1): 35–67.

[261] Halinen A, Tomroos.The role of embeddedness in the evolution of business Network [J] . Scandinavian Journal Management, 1998, 14 (3): 187–205.

[262] Tsai W, Ghoshal S. Social capital and value creation: The role of intrafirm networks [J] .Academy of Management Journal, 1998, 41 (4): 464–476.

[263] Atuahene Gima K. The effects of centrifugal and centripetal forces on product development speed nad quality: How does problem solving matter [J]. Academy of Management Journal, 2003, 46 (3): 359 – 373.

[264] Shi X, Lu L, Wei Z.Structural network embeddedness and firm incremental innovation capability: The moderating role of technology cluster [J] . Journal of Business & Industrial Marketing, 2020 (6): 7–14.

[265] Balmer J, Chen W. Corporate heritage brands in china. consumer engagement with china's most celebrated corporate heritage brand–Tong Ren Tang [J] . Journal of Brand Management, 2015, 22 (3): 194–210.

[266] Letaifa S B, Goglio–Primard K. How does institutional context shape entrepreneurship conceptualizations? [J] . Journal of Business Research, 2016, 69 (11): 5128–5134.

[267] Jay B. Barney. Resource–based theories of competitive advantage: A ten–year retrospective on the resource–based view [J] . Journal of Management, 2001 (6): 7–14.

[268] Kotler P. Competitive strategies for new product marketing over

the life cycle [J] . Management Science, 1965, 12 (4): 104–119.

[269] Michael T. Ewing, Colin P. Jevons, Elias L. Khalil. Brand death: A developmental model of senescence [J] . Journal of Business Research (2009) 332–338.

[270] Talke K, Salomo S, Wieringa J E, et al. What about design newness? Investigating the relevance of a neglected dimension of product innovativeness [J] . Journal of Product Innovation Management, 2009, 26 (6): 601–615.

[271] Landwehr J R, Wentzel D, Herrmann A. The tipping point of design: How product design and brands interact to affect consumers' preferences [J] .Psychology&Marketing, 2012, 29 (6): 422–433.

[272] Coase Ronald H. "book–review" The Development of the Business Corporation in England 1800—1867 [J] . Weltwirtschaftliches Archiv, 1937 (46): 7–14.

[273] Porter. M.E. Competitive strategy [M] . New York: Free Press, 2000.

[274] Wu Y, Ardley B. Brand strategy and brand evolution: Welcome to the world of the meme [J] . The Marketing Review, 2007, 7 (3): 301–310.

[275] Merrilees B. Radical brand evolution: A case–based framework [J] . Journal of Advertising Research, 2005, 45 (2): 201–210.

[276] Moore C M, Doyle S A. The evolution of a luxury brand: The case of Prada [J] .International Journal of Retail & Distribution Management, 2010, 38 (11/12): 915–927.

[277] Azubuike V M U. Technological innovation capability and firm's performance in new product development [J] . Communications of the IIMA, 2013, 13 (1): 4.

[278] Larry E. Greiner [M] . New York: Free Press, 1975.

[279] Aaboen L. Explaining incubators using firm analogy [J] . Technovation, 2009, 29 (10): 657–670.

[280] Sharon Zukin, Paul Dimaggio. Preface [J] . Theory and Soci-

ety，1986，15（1-2）：7-14.

［281］Schiele Holger，et al. Managing supplier satisfaction：Social capital and resource dependence frameworks ［J］. Australasian Marketing Journal，2015，23（2）：7-14.

附录　老字号企业成长调查问卷

尊敬的先生／女士您好：

非常感谢您能在百忙之中抽出宝贵的时间接受我们的市场问卷调查，我们是北方民族大学《甘宁青地区老字号企业研究》项目组，需要做一项甘宁青地区老字号企业成长的市场调查以进行学术研究，您的所有回答只用于数据分析，我们将严格保密，谢谢您的配合！

请针对您对公司品牌管理的认知填写您的感受和态度

［特别备注］品牌进化是指品牌发展过程不断变化创新的结果，一般可以理解为企业品牌发展、品牌创新、品牌成长的过程。

● 以下是网络嵌入性的表述，请在您同意的数字选项中打（√）

序号	题　项
A_1	顾客所具备的产品知识对甘宁青地区老字号品牌进化的影响比较大
A_2	顾客所具备的产品质量知识对甘宁青地区老字号品牌进化的影响比较大
A_3	顾客掌握的产品制造工艺技术知识影响甘宁青地区老字号品牌进化
A_4	顾客所具备的消费经验对甘宁青地区老字号品牌进化的影响比较大
A_5	顾客所具备的个性化知识对甘宁青地区老字号品牌进化的影响比较大
A_6	顾客的清真食品专门知识对甘宁青地区老字号品牌进化的影响比较大
A_7	顾客对餐饮企业形象认知显著影响甘宁青地区老字号品牌进化
A_8	顾客对品牌服务知识的了解对甘宁青地区老字号品牌进化的影响比较大
A_9	顾客的地方饮食文化专门知识对甘宁青地区老字号品牌进化影响比较大
A_{10}	顾客口碑对甘宁青地区老字号品牌进化的影响比较大

● 以下是关于甘宁青地区老字号技术创新能力的表述，请在您同意的选项中打（√）

序号	题　项
B_1	企业员工拥有共同的经营理念和价值观对甘宁青地区老字号品牌进化有较大影响
B_2	企业员工拥有共同的工作语言对甘宁青地区老字号品牌进化有较大影响
B_3	企业员工技术水平对甘宁青地区老字号品牌进化有较大影响
B_4	企业员工工作经验对甘宁青地区老字号品牌进化有较大影响
B_5	企业员工培训对甘宁青地区老字号品牌进化有较大影响
B_6	企业管理制度对甘宁青地区老字号品牌进化有较大影响
B_7	企业管理人员的知识和经验对甘宁青地区老字号品牌进化有较大影响
B_8	企业高层前瞻性知识对甘宁青地区老字号品牌进化有较大影响
B_9	企业专利、商业机密和秘方对甘宁青地区老字号品牌进化有较大影响
B_{10}	独特的企业文化对甘宁青地区老字号品牌进化有较大影响
B_{11}	企业内部图书信息资讯对甘宁青地区老字号品牌进化有较大影响
B_{12}	企业员工内部知识交流对甘宁青地区老字号品牌进化有较大影响

● 以下是关于甘宁青地区老字号品牌进化的表述，请在您同意的选项中打（√）

序号	题　项
C_1	同行的产品技术知识对甘宁青地区老字号品牌进化有较大影响
C_2	同行的管理经验对甘宁青地区老字号品牌进化有较大影响
C_3	同行的营销经验对甘宁青地区老字号品牌进化有较大影响
C_4	同行之间交流学习对甘宁青地区老字号品牌进化有较大影响
C_5	供应商的交流学习对甘宁青地区老字号品牌进化有较大影响
C_6	外部专家合作伙伴的知识交流对甘宁青地区老字号品牌进化有较大影响
C_7	高校、科研院所的知识交流对甘宁青地区老字号品牌进化有较大影响
C_8	网络知识对甘宁青地区老字号品牌进化有较大影响

● 以下是关于甘宁青地区老字号品牌进化的表述，请在您同意的选项中打（√）

序号	题　项
X_1	公司善于利用同行经验来提升品牌管理能力

序号	题　项
X_2	公司通过员工与同行交流能够敏锐发现新的市场机会
X_3	公司经常派员工外出考察或参加培训以学习先进品牌管理经验
X_4	公司善于与外部专家、合作伙伴交流分享经验提升战略管理能力
X_5	公司善于利用网络知识提高品牌战略管理能力
X_6	公司善于与顾客交流分享品牌知识和经验提升战略管理能力
X_7	公司部门内部或者部门之间经常召开会议交流品牌知识
X_8	公司经常鼓励员工相互交流学习不同的思想与观念
X_9	公司鼓励经验丰富的老员工对新员工进行培训和指导
X_{10}	公司将已吸收的品牌知识与已有知识融合的速度很快。
X_{11}	公司善于保存各种顾客购物体验、感受等资料
X_{12}	公司善于对外部专家资料、网络信息进行归类和整理
X_{13}	公司善于建设顾客数据库以促进品牌营销
X_{14}	公司善于从销售、生产或研发等核心部门收集品牌信息
X_{15}	公司善于将顾客的品牌知识和意见反映在新产品开发上
X_{16}	公司善于将顾客的品牌知识和意见反映在新服务开发上
X_{17}	公司善于将顾客的品牌知识和意见反映在品牌推广上
X_{18}	公司善于将顾客的品牌知识和意见反映在品牌形象改进上

● 以下是关于企业成长的表述，请在您同意的选项中打（√）

序号	题　项
Y_1	通过品牌进化管理公司品牌市场份额比较大
Y_2	通过品牌进化管理公司品牌销售收入增长比较快
Y_3	通过品牌进化管理公司品牌盈利能力比较强
Y_4	通过品牌进化管理公司品牌知名度比较高
Y_5	通过品牌进化管理公司的品牌美誉度比较高
Y_6	通过品牌进化管理公司的顾客口碑比较高

请填写您的基本资料，在相关选项中打（√）

您的性别：A. 男 B. 女

您的民族：A. 回族 B. 汉族 C. 其他少数民族

您的年龄：A. 30 岁以下 B. 30 ~ 40 岁 C. 41 ~ 50 岁 D. 50 岁以上

您的学历：A. 初中及以下 B. 高中或专科 C. 大学及以上

您的职位是：A. 普通员工 B. 基层管理人员 C. 中层管理人员 D. 高层管理人员

您所在企业成立的年限：A. 5 年以下 B. 5 ~ 10 年 C. 10 ~ 20 年 D. 20 年以上

您在公司工作的年限：A. 5 年以下 B. 5 ~ 10 年 C. 10 年以上

贵公司规模：A. 100 人以下 B. 100 ~ 300 人 C. 300 人以上

感谢您参与！谢谢您合作！